安徽省高校人文社科研究重大项目（SK2021ZD0107）研究基金、
安徽省高校人文社科研究重点项目（2022AH052643）、
滁州职业技术学院2024年学术专著出版基金资助出版

数字经济背景下

产业结构与消费结构循环升级

曹 洁◎著

安徽师范大学出版社
ANHUI NORMAL UNIVERSITY PRESS

·芜湖·

图书在版编目(CIP)数据

产业结构与消费结构循环升级 / 曹洁著 . -- 芜湖：

安徽师范大学出版社, 2025. 4. -- ISBN 978-7-5676

-7243-7

Ⅰ. F121.3；F126.1

中国国家版本馆 CIP 数据核字第 2025V54K58 号

产业结构与消费结构循环升级

曹　洁◎著

CHANYE JIEGOU YU XIAOFEI JIEGOU XUNHUAN SHENGJI

责任编辑：吴毛顺　　　　　　　责任校对：孔令清

装帧设计：王晴晴　冯君君　　　责任印制：桑国磊

出版发行：安徽师范大学出版社

　　　　　芜湖市北京中路2号安徽师范大学赭山校区

网　　　址：https://press.ahnu.edu.cn/

发 行 部：0553-3883578　5910327　5910310(传真)

印　　　刷：苏州市古得堡数码印刷有限公司

版　　　次：2025年4月第1版

印　　　次：2025年4月第1次印刷

规　　　格：700 mm×1000 mm　1/16

印　　　张：9.25

字　　　数：120千字

书　　　号：978-7-5676-7243-7

定　　　价：48.00元

凡发现图书有质量问题,请与我社联系(联系电话:0553-5910315)

前　言

改革开放以来，我国经济体制完成了由计划经济向社会主义市场经济的转型，前 30 年经济增速创造了年均约 10% 的奇迹，我国经济得到快速发展，由相对落后的农业大国逐渐成为世界第二大经济体。2010 年后，我国经济增速逐渐放缓，居民收入差距有逐渐拉大的趋势，"产能过剩"和"供给缺口"等深层次结构性问题浮上水面。

当前我国处于经济转型的关键时期，经济增长模式由原来的高速增长转向高质量发展。从传统"三驾马车"来看，拉动经济增长的投资和进出口都显现出后劲不足的情况。我国是一个具有宏大人口规模、庞大消费市场、巨大消费潜力的国家，随着经济发展水平、居民收入水平的提高，消费结构呈现出高档化、个性化和多元化的特征，居民对高档消费品和服务的消费需求不断上升。无论是国内市场还是国外市场，居民消费需求从根本上对生产的性质和数量产生重要影响，是创造一切经济行为的关键因素。2018 年 9 月，中共中央、国务院出台的《关于完善促进消费体制机制 进一步激发居民消费潜力的若干意见》明确指出，增强消费对经济发展的基础性作用，对于构建符合我国长远战略利益的经济发展方式十分重要。党的十九大报告强调，要完善促进消费的体制机制，增强消费对经济发展的基础性作用。在经济发展新常态的当下，推动我国经济高质量发展的重要途径就是消费结构调整，依靠消费拉动经济发展方式的转变。

本书通过梳理我国产业结构和消费结构升级的现状和特点，从理论上分析了二者动态影响的理论机制，立足省域现状分析产业结构和消费结构两者相互作用的路径。结合研究结论，提出促进产业结构转型和消费结构升级的对策建议。全书共四章，包括绪论、我国数字经济发展分析与水平测度、产业结构与消费结构循环升级研究、产业结构与消费结构持续性发展研究。

本书得到2021年安徽省高校人文社科研究重大项目（项目编号：SK2021ZD0107）研究基金和滁州职业技术学院2024年学术专著出版基金资助。编写过程中，作者参考和借鉴了众多学者的研究成果，在此表示诚挚的敬意。由于作者水平有限，书中不足之处在所难免，敬请各位专家和读者批评指正。

目　录

第一章　绪　论

　　市场经济作用下，居民消费内、外生需求是创造一切市场营销经营活动的重要动力。纵观近年来经济发展趋势，居民消费拉动力是推动我国经济高质量发展的重要途径。随着我国社会主义市场经济快速发展，国内居民生活水平不断提升，居民消费结构与消费水平持续升级，各行业正处于产业结构转型升级的关键阶段。消费结构与消费水平升级的扎实推进，必须要有新供给结构与之匹配。如何通过产业结构转型助推供给侧结构性改革，从而实现居民消费结构与消费水平升级，增强居民消费对经济发展的基础性作用，对于我国社会主义市场经济高质量发展具有重要研究价值。

　　本书以产业结构与消费结构循环升级理论研究为主线，在梳理国内相关研究的基础上，从理论上分析产业结构转型和消费升级之间直接和间接的互动效应，并对两者的发展现状和趋势进行分析；研究数字经济背景下产业结构转型与消费升级的互动效果，并通过梳理相关研究文献研究两者之间的传导路径。

第一节 产业结构与消费结构循环升级研究概述

一、研究背景

自改革开放以来，我国经济体制完成了由计划经济向社会主义市场经济的转型，前30年经济增速创造了年均约10%的奇迹，我国经济快速发展，由相对落后的农业国成为世界第二大经济体。2010年后，我国经济增速逐渐放缓，居民收入差距有逐渐拉大的趋势，"产能过剩"和"供给缺口"等深层次结构性问题浮上水面。为应对新的形势，党和政府近年来工作重心主要放在调整我国经济发展模式，培育经济增长新动能上。当前我国处于经济转型的关键时期，经济增长模式由原来的高速增长转向高质量发展。

从经济增长传统"三驾马车"来看，拉动经济增长的投资和出口显得后劲不足。2008年国际金融危机后，世界经济进入了低速增长阶段，全世界范围内发达国家和发展中国家的经济均出现增长乏力现象。

近年来，各国外部经济环境较为严峻，全球范围内贸易保护主义抬头，逆全球化有所增强，中美贸易摩擦等问题日益严重，这些都对中国对外贸易带来较为严重的影响。2017年我国货物和服务的净出口对GDP的贡献率分别为-1.3%和-9.6%，2018年我国货物和服务的净出口对GDP的贡献率提高至9.7%，但2020年因疫情影响又落入负值区间。纵观国内外贸易局势，短期内很难依靠对外出口来支撑GDP增长。

从投资领域的情况来看，2018年以后随着国际市场消费需求乏力，出现了以钢铁、光伏、有色金属等产业为代表的"产能过剩"和"需求乏力"等经济结构性问题。因为市场缺少足够消费承载，投资带来的产能扩张逐渐减弱，从而影响我国出口经济规模的扩大。相关数据显示，资本形成总额对经济增长的贡献率，自2009年达到86.5%后一直呈下降趋势，至2018年该贡献率降到了32.4%。投资驱动这种粗放式的模式带来了经济的快速发展，但也伴随着较大的资源浪费和环境压力，在这种模式下经济增长很难实现持续有效的发展。

从发达国家的经济发展轨迹来看，消费才是推动经济发展的原动力，是推动经济发展的关键环节。无论是国内市场还是国外市场，居民消费需求从根本上对生产的性质和数量都起着重要影响，是创造一切经济行为的关键因素。2018年9月，中共中央、国务院出台的《关于完善促进消费体制机制 进一步激发居民消费潜力的若干意见》明确指出，增强消费对经济发展的基础性作用，对于构建符合我国长远战略利益的经济发展方式十分重要。党的十九大报告强调，要完善促进消费的体制机制，增强消费对经济发展的基础性作用。在经济发展新常态的当下，推动我国经济高质量发展的重要途径就是要调整消费结构，依靠消费拉动经济发展方式的转变。消费力在内需发展战略驱动下逐渐成为推动我国经济持续发展的主动力。纵观2016—2018年统计数据，消费经济对GDP增长贡献率为66.50%、58.80%和76.2%，消费凸显出对我国经济发展的强大推进力。

我国是一个具有宏大人口规模、庞大消费市场、巨大消费潜力的国家，居民消费结构随着经济发展水平的提升、居民收入水平的提高，发生着巨大转变：消费结构呈现出高档化、个性化和多元化的变化特征，居民消费对高档消费品和服务的需求快速上升。以旅游为例，2018年中国国内旅游达55.39亿人次；全年国内和入境旅游总收入5.97万亿元，全年全国旅游业对GDP的综合贡献为9.94万亿元，占GDP总量的11.04%。与此同时，中国游客在世界各地旅游购物，从另一个方面反映出国内市场的消费潜力。

随着经济的发展，我国居民消费结构不断升级，市场经济中的供需矛盾逐渐显现。2018年中国居民人均可支配收入达到28 228元。人民生活水平不断提高，消费规模不断扩大，消费结构不断升级。旅游、影视、奢侈品、家电、通信设备等服务性行业需求快速增长。然而，随着消费结构的升级，消费外流现象一定程度上降低了需求对经济的刺激作用。随着出国人数的迅速增加和出国次数的增加，居民对海外消费品的需求逐渐从奢侈品扩大到药品、保温杯、电动牙刷等日常用品。此外，随着网上购物的兴起，国内居民通过国内零售终端和海外采购代理购买海外商品，这进一步挤压了国内商品消费。

一方面，需求外流反映了居民消费结构的升级；另一方面，它反映了我国一些领域缺乏优质产品和服务的有效供给，缺乏适应消费水平提高的高端、服务型产品，产业结构转型滞后于消费结构升级。这一矛盾制约了中国消费需求释放的潜力。要扎实推进消费升级，必须有与之相匹配的新供给。党的十九大报告指出，我国社会的主要矛盾已经转变为人民日益增长的美好生活需要和不平衡不充分的发展之间的矛盾。我国正处于经济结构调整的重要时期，产业结构调整必须适应需求结构的变化，才能实现供需的有效转换。产业结构转型和消费升级反映了市场供求结构的两个方面，二者之间的结构匹配对供求关系的有效转换起着至关重要的作用，促进产业结构转型对实现消费需求具有重要作用。供给侧产业结构的转变直接影响市场的产品供给结构，为消费升级提供基本保障。随着我国供给侧结构性改革的不断深入，产业侧与消费侧的结构性耦合对我国经济的高质量发展具有重要意义，是实现内需提升的关键。

那么，现阶段我国的产业结构和消费结构是否匹配？如果两者不匹配，能否通过内部机制相互促进，实现均衡发展，即产业结构的转型能否适应市场需求的变化，促进消费升级，有效扩大内需，同时消费升级能否通过需求信号引导产业结构转型？本书在对产业结构和消费升级之间关系进行理论和实证研究的基础上，进一步研究产业结构和消费升级之间的作用机理和路径，并提出促进产业结构转型和消费升级、促进经济高质量发展的对策建议。

二、研究内容

生产和消费是经济学中最基本的行为。消费是人类生存和发展的需要，是经济行为的基石。近年来，随着经济增长对内需依赖程度的提高，对居民消费结构和模式的研究变得越来越重要。相关文献主要从以下三个方面进行梳理。

（一）居民消费升级的特征和演进路径

万永坤、王晨晨（2022）认为，消费升级通常表现为消费水平的提升、消费结构的优化、消费质量的提高、消费需求由低层次向高层次的逐步转化。张林、冉光和（2018）分析了美国、日本、韩国等消费升级的路径和特点，通过比较我国消费品结构和消费内容的增长变化，指出我国消费总体处于升级阶段。李艺铭（2020）利用电商平台的数据提取了我国城市的消费结构，并通过比较不同时期的结构差异指出了消费升级的存在。蔡跃洲、马文君(2021)基于中国家庭收入项目（CHIP）中1995年、2002年和2013年的数据发现，在剔除价格因素后，1995—2013年间中国城市住户的人均实际总消费增长较为有限。然而，消费结构发生了显著变化，食品和家庭用品支出占总消费的比例持续下降，而服务类消费（如教育、医疗、交通通信等）的占比则明显上升。这一变化可能受到居民收入水平提高、消费升级趋势以及服务业发展等因素的影响。王伟玲、王晶（2019）认为，新一轮"消费升级"是中国经济社会高质量发展的重要支撑，并通过对消费结构水平的分析，指出从1998年到2017年，我国城乡居民食物等自给性消费比重下降，服务性消费比重上升。2013年后，随着我国宏观经济下行压力加大，服务消费增长速度有所放缓，住房支出对其他消费支出形成了较大的挤出效应。总体来看，研究结论一致反映我国处于新一轮消费升级阶段，消费结构不断优化，以食品消费为主的基本生活需求消费份额不断下降，以服务为主导的发展和享受消费份额不断增加。

（二）影响消费结构升级的因素

1. 收入因素

从国内外学者的研究成果来看，影响消费升级的因素可以分为供给侧和需求侧两个方面。现有研究更多关注以居民为主体的需求侧影响因素，其中最重要的是居民收入水平。Porter（2018）研究了收入等因素对德国居民消费结构的影响，认为收入仍然是促进居民消费结构升级的重要因素。Tiedemann 等（1982）分析了婚姻市场对家庭消费的结构性影响，并使用荷兰家庭数据来检验他们的理论的有效性，指出当女性的相对工资增加时，女性将获得更高的工资。魏萍、陈晓文（2020）综合研究了收入因素、人口年龄结构、消费习惯、房价和利率对居民消费结构升级的影响，发现消费习惯和收入因素是影响居民消费结构升级的重要因素。在研究绝对收入水平的基础上，许多学者将研究扩展到收入差距对消费结构的影响。张蕴萍、董超、栾菁（2021）指出，城乡收入差距的扩大显著促进了农村家庭的人力资本和社会资本投资，但挤出了生存和享受商品的消费。李爱真（2020）指出，近年来，中国居民消费差距缩小，服务型、质量型消费需求快速增长，消费对经济增长的贡献率显著提高。陈庆江、赵明亮（2018）等指出，互联网的普及可以改善城乡和地区之间的消费不平等。

2.社会因素

除了收入水平，不少学者还关注社会保障水平、人口年龄结构、房地产市场和利率对消费结构升级的影响。从社会保障水平来看，Humphrey 等（2002）发现，随着社会保障水平的提高，非洲国家居民的消费结构有所改善。林浩、陈春晓、秦永彬（2020）研究了新型农村合作医疗政策出台对农村居民消费的影响。结果表明，"新农合"使家庭非医疗支出的消费增加了约 5.6%；在低收入或健康状况不佳的家庭中，"新农合"对消费的积极影响更强。林宇豪、陈英葵（2020）指出，收入增长有助于促进居民消费结构升级，但社会保障支出、不确定性和价格因素对居民消费结构升级有负面影响。房地产市场的发展对消费也有很大的影响，主要表现在对居民消费的挤出效应。Pissarides（2007）利用区域微观数据研究了房地产市场对消费影响的区域异质性。信贷紧缩对居民消费有很大抑制作用，宽松的贷款政策是缓解住房对消费挤压的主要动力。

董超（2021）建立了基于生命周期的动态模型。有人指出，家庭为了买房或还房贷而减少消费，造成"房奴效应"。杨慧梅、江璐（2021）指出，中国产能过剩是商品和住房双重市场叠加的饱和需求型过剩。一般商品市场的"饱和需求陷阱"和房地产市场的"投资偏好陷阱"是关键制约因素。

此外，许多学者指出，社会资本、信贷支持和劳动力供给对促进家庭消费升级有显著的积极作用，而人口老龄化、低生育率等因素从长远来看不利于消费结构升级。除了需求侧影响因素外，许多学者开始关注供给侧因素对消费结构升级的影响。徐德云、肖未末（2020）认为，在经济全球化的趋势下，我们应该更加关注供求结构的平衡，通过供给侧改革促进居民消费结构的升级。张林、冉光和（2018）认为，推动高新技术产业自主创新是促进消费增长、改善消费结构的关键因素。郭克莎（2000）指出，通过理论机理分析，技术进步可以有效促进消费者需求。

（三）消费升级对经济发展的影响

Kuznets（1985）对美国1963—1978年的经济增长过程进行了实证分析，认为最重要的因素是需求的增加，而技术进步对行业的重要性只有更快的增长或更快的下降。Simonen，Rauli Svento，Artti Juutinen（2015）提出了一个关于如何减少关键消费领域（如食品、住房和旅行）的碳足迹的系统框架，从而使消费者能够更可持续地设计自己的生活方式。姜泽华、白艳（2006）指出，推动消费升级有利于增强消费在经济发展中的基础性作用，也为中国经济迈向高质量发展提供了动力。

经济学将产业结构调整这一范畴视为经济增长的重要动力。产业结构思想起源于英国经济学家威廉·佩蒂、亚当·斯密和F.Quesnay。在研究国民财富的性质和成因时，亚当·斯密描述了产业结构的顺序应该按农业、工业和批发业的顺序协调。西蒙·库兹涅茨首次将产业结构划分为农牧业、工业制造和服务业，这种方法至今仍是研究中常用的划分标准。现代经济增长是以技术进步为基础，以产业结构转变为特征的增长模式，特别是各部门生产技术差异的变化，有效解释了农业份额下降、服务业份额上升、工业份额先升后降的结构性变化。新结构经济学理论强调政府在产业结构中的引导作用，包括引导财政政策支持、合理使用低利率和加强金融支持等。

国内外学者对产业结构演变进行了大量研究。从我国产业结构演变的角度来看，武晓霞（2014）指出，经济主导产业将从资本密集型重化工产业向服务业和技术密集型制造业转变。工业化后期，投资和出口对经济增长的贡献将难以维持在较高水平，新的增长动力主要是扩大消费需求。郭佳、扶涛（2015）发现，中国的产业结构演变明显快于就业结构变化，也快于经济发展水平变化。中国经济发展阶段正处于工业化中后期向高收入发展的艰难过渡期。张翠菊、张宗益（2015）指出，在中国产业升级这50年中，逐渐偏离了比较优势。传统劳动密集型产业的退出壁垒会降低资源配置效率，抑制技术密集型产业创新能力的积累和跨越式升级。从影响产业结构转型的因素来看，H.Tenhunen，A.Latvala（1991）指出，20世纪90年代在国际贸易背景下，初始教育水平较高的国家在教育密集型产业有较大增值，比较优势的效应会更强。童毛弟、童业冬（2015）通过在两国建立多部门新古典增长模型，研究发现恩格尔效应、投资效应和转移成本效应分别是影响第一、第二和第三产业就业比例变化的最重要的因素。除上述因素外，人力资本、产业政策、城镇化和技术创新等因素对产业结构升级也起到了重要的推动作用。

服务业的快速增长，特别是生产性服务业的出现，是产业结构转型的一个显著特征。许多学者分别研究了服务业和生产性服务业的发展趋势和特点。栾申洲（2018）使用地级市政府工作报告中的数据研究表明，在基于GDP评估的"升级冠军"机制下，经济发展是以"层层加码"和"硬约束"的形式制定的。增长目标将显著抑制服务业的结构升级。Dewan，Saijeev和Kraemer（2000）指出，美国制造业和服务业与其他广泛工业化经济体的劳动收入份额下降趋势不同。马克林（2018）从产业和区域层面衡量了制造业与生产性服务业的整体发展水平和耦合协调程度。相互耦合的协调程度从最初的不协调和下降阶段逐渐演变为协调和发展阶段。李雯、王纯峰（2018）指出，城市规模在很大程度上制约着生产性服务业和制造业结构的产出率。因此，当一个城市达到一定规模时，上游和下游产业将更有效率。从总体上看，现有研究指出，我国正处于产业结构转型的关键时期，产业结构转型的趋势正在向服务业和高科技产业转变，但在产业结构转型过程中也存在资源配置效率低下等问题，所以我们应该关注需求方面的影响因素。

马克思在《资本论》中论证了市场均衡，指出总量均衡并不代表结构均衡。经济进入新常态后的长期增长趋势主要取决于国内需求增长率的变化。易信、刘凤良（2018）指出，影响需求长期增长率的因素既包括供给问题，也包括需求结构问题。长期增长政策应该关注供给侧增长，使供给侧结构性改革与需求侧结构性改革相结合。通过建立多部门一般均衡模型，康铁祥（2008）给出了需求结构变化影响产业结构转变的经济机制，并指出需求结构的变化对我国产业结构转型和生产力提高的影响显著，大于鲍莫尔效应，小于恩格尔效应。在供给侧结构性改革的推动下，许多学者开始从消费结构入手，深入分析需求结构，研究消费结构与产业结构的关系。在社会需求中，消费需求对先进产业结构的推动作用最大。李艺铭（2007）基于系统GMM方法实证分析了劳动报酬对产业结构升级的影响，指出劳动报酬可以通过改善居民消费结构、扩大消费规模来促进产业结构升级。

国内关于消费升级的研究大多集中在宏观领域，国外有很多基于微观领域的研究。消费升级的演进路径基本上得到了相同的结论，遵循着从生存消费升级到发展和享受消费的路径。在实证方面，主要基于生命周期理论、流动性约束、预防性储蓄等理论的实证证据。国内外学者对产业结构转型的趋势和影响因素基本达成共识，并指出结构失衡和资源配置效率低下的问题。一些学者关注消费结构与产业结构之间的关系，主要研究消费结构对产业结构转型的促进作用。

从现有文献来看，学者们的研究呈现出一个特点，即产业结构与消费升级的关系多从一个方向研究，而产业结构与消费升级的相互作用却很少在同一个框架内讨论。在影响方向上，更关注消费升级对产业结构的需求拉动效应，较少关注产业结构转型带来的供给结构变化对消费需求的实现效应。供给侧结构的改善对于需求侧消费需求的实现具有重要意义。从经济学意义上讲，是供需结构的动态匹配和耦合。同时，消费结构升级与产业结构转型的互动机制和传导路径也需要进一步拓展。从理论上讲,作为供需两端的产业结构和消费升级具有互动关系,以往学者从单向因果关系的研究可能在实证结果上存在误差。因此,本书将在分析消费升级与产业结构变化的相互作用机制的基础上,研究同一框架下产业结构转型与消费升级的相互作用,力求对现有研究做有益的补充。

三、研究结论

研究结果显示:

(1)产业结构的高度化显著促进消费结构升级,且产业结构的合理化对消费结构升级具有显著影响,产业结构转型可以伴随着劳动力等生产要素的同步改善,通过满足消费需求变化推动消费结构升级。

(2)消费升级显著影响产业结构的高度化和合理化的提升,相关研究反映消费升级产生的市场需求信号,能有效引导市场各类资源的转移与变动,引导市场经济结构性变化,促进我国各行业产业结构转型。

(3)在产业结构转型影响消费升级的过程中,居民收入水平有显著的推进效应,通过提高居民收入水平,产业结构转型升级可以助推居民消费结构的升级。在消费升级影响产业结构转型的路径中,有很多因素起到比较明显的中介效应,如生产技术创新和劳动力区间流动。消费升级传导着市场需求变化的信号,鼓励企业技术创新和推动市场生产要素流动,进一步推进产业结构转型升级。

综合研究结论来看,产业结构转型和消费结构升级存在着显著的相互促进、相辅相成的关系。基于研究结果,鉴于产业结构转型促进消费结构升级的关系,建议相关部门运用技术手段监测消费需求变化,在财政政策、收入分配制度方面进一步完善,对创新型企业实施有效的激励措施。

第二节　我国数字经济发展概述

纵观世界文明史和社会发展史，人类先后经历了农业革命、工业革命、信息革命，每一次科技变革都给人类生产生活带来巨大而深刻的影响。21世纪以来，互联网、大数据、云计算、人工智能、区块链等技术加速发展，世界正在经历一场更大范围、更深层次的科技革命和产业变革。以关键数字技术创新应用为基础的数字经济，正以新理念、新业态、新模式融入经济社会发展各领域、全过程，发展速度之快、辐射范围之广、影响程度之深前所未有，成为重组全球要素资源、重塑全球经济结构、改变全球竞争格局的关键力量。加快数字化发展，是党中央站在战略和全局高度，科学把握发展规律，着眼高质量发展和建设社会主义现代化强国作出的重大战略决策。

一、我国发展数字经济相关政策、措施与趋势

（一）形成发展新动能

2019年5月21日，习近平总书记在主持召开推动中部地区崛起工作座谈会时指出，要"推动制造业高质量发展，主动融入新一轮科技和产业革命，加快数字化、网络化、智能化技术在各领域的应用，推动制造业发展质量变革、效率变革、动力变革"。

2019年10月24日，习近平总书记在中央政治局第十八次集体学习时强调，要利用区块链技术探索数字经济模式创新，为打造便捷高效、公平竞争、稳定透明的营商环境提供动力，为推进供给侧结构性改革、

实现各行业供需有效对接提供服务，为加快新旧动能接续转换、推动经济高质量发展提供支撑。我们要抓住产业数字化、数字产业化赋予的机遇，加快5G网络、数据中心等新型基础设施建设，抓紧布局数字经济、生命健康、新材料等战略性新兴产业、未来产业，大力推进科技创新，着力壮大新的经济增长点，形成发展新动能。

2020年5月23日，习近平总书记在看望参加政协会议的经济界委员时指出："面向未来，我们要把满足国内需求作为发展的出发点和落脚点，加快构建完整的内需体系，大力推进科技创新及其他各方面创新，加快推进数字经济、智能制造、生命健康、新材料等战略性新兴产业，形成更多新的增长点、增长极，着力打通生产、分配、流通、消费各个环节，逐步形成以国内大循环为主体、国内国际双循环相互促进的新发展格局，培育新形势下我国参与国际合作和竞争新优势。"

2020年11月21日，二十国集团领导人第十五次峰会第一阶段会议指出，疫情激发了5G、人工智能、智慧城市等新技术、新业态、新平台蓬勃兴起，网上购物、在线教育、远程医疗等"非接触经济"全面提速，为经济发展提供了新路径。我们要主动应变、化危为机，深化结构性改革，以科技创新和数字化变革催生新的发展动能。

（二）助力世界新发展

近年来，新一轮科技革命和产业变革孕育兴起，带动数字技术强势崛起，促进产业深度融合，引领服务经济蓬勃发展。疫情期间，远程医疗、在线教育、共享平台、协同办公、跨境电商等服务广泛应用，对促进各国经济稳定、推动国际抗疫合作发挥了重要作用。

（1）我们要顺应数字化、网络化、智能化发展趋势，共同致力于消除"数字鸿沟"，助推服务贸易数字化进程。

（2）数字经济是全球未来的发展方向，创新是亚太经济腾飞的翅膀。我们应该主动把握时代机遇，充分发挥本地区人力资源广、技术底子好、市场潜力大的特点，打造竞争新优势。

（3）面对各国对数据安全、数字鸿沟、个人隐私、道德伦理等方面的关切，我们要秉持以人为中心、基于事实的政策导向，鼓励创新，建立互信，支持联合国就此发挥领导作用，携手打造开放、公平、公正、非歧视的数字发展环境。

（4）创新是引领世界发展的重要动力，要坚持创新驱动大方向，点燃数字经济新引擎，让数字技术的成果惠及更广泛人群。

（三）数字经济相关政策措施

1.布局全国算力网络国家枢纽节点

如何促进数据高效流通，更好支撑数字经济蓬勃发展壮大，成为当前面临的新课题。2021年5月24日，国家发展和改革委员会、中央网信办、工业和信息化部、国家能源局联合印发《全国一体化大数据中心协同创新体系算力枢纽实施方案》，明确提出将布局建设京津冀、长三角、粤港澳大湾区、成渝，以及贵州、内蒙古、甘肃、宁夏8个全国一体化算力网络国家枢纽节点，加快实施"东数西算"工程，构建国家算力网络体系，为优化我国算力基础设施布局、推动数字经济发展擘画了蓝图。

2.物联网新型基础设施建设三年行动计划

2021年9月10日，工业和信息化部、中央网信办等八部门联合印发《物联网新型基础设施建设三年行动计划（2021—2023年）》，明确到2023年底，在国内主要城市初步建成物联网新型基础设施，社会现代化治理、产业数字化转型和民生消费升级的基础更加稳固。突破一批制约物联网发展的关键共性技术，培育一批示范带动作用强的物联网建设主体和运营主体，催生一批可复制、可推广、可持续的运营服务模式，导出一批赋能作用显著、综合效益优良的行业应用，构建一套健全完善的物联网标准和安全保障体系。

3. 申请加入全球首个数字经济伙伴关系协定

2020年6月，新加坡、智利、新西兰共同签署《数字经济伙伴关系协定》（Digital Economy Partnership Agreement，DEPA），自2021年1月起正式生效。DEPA涵盖商业和贸易便利化、数据问题、新兴趋势和技术、创新与数字经济、中小企业合作等16个模块，对国际数字经济活动和交流提出了比较全面的规则安排。2021年11月1日，中国正式申请加入DEPA，这是中国扩大高水平对外开放的又一举措，彰显了中国参与制定全球经济规则的开放姿态，有利于中国在数字经济领域提升竞争力和影响力，也有利于亚太地区数字经济领域交流合作和共赢发展。

4. "两步走"推动我国智能制造发展

2021年12月28日，工业和信息化部、国家发展和改革委员会、教育部等八部门联合发布《"十四五"智能制造发展规划》，提出"十四五"期间，将聚焦加快系统创新、深化推广应用、加强自主供给、夯实基础支撑四项重点任务。同时，明确了"十四五"时期我国智能制造"两步走"的目标：到2025年，规模以上制造业企业大部分实现数字化网络化，重点行业骨干企业初步应用智能化；到2035年，规模以上制造业企业全面普及数字化网络化，重点行业骨干企业基本实现智能化。

5. 数据安全领域有法可依

数据安全事关公民个人权益、产业健康发展甚至国家安全。2021年9月1日，《中华人民共和国数据安全法》正式施行。该部法律体现了总体国家安全观的立法目标，聚焦数据安全领域的突出问题，确立了数据分类分级管理，建立了数据安全风险评估、监测预警、应急处置、数据安全审查等基本制度，规定中央国家安全领导机构负责国家数据安全工作的决策和议事协调等职责，并提出建立国家数据安全工作协调机制。作为我国首部数据安全领域的基础性立法，该法为各行业数据安全提供了监管依据，标志着我国数据安全领域进入有法可依新阶段。

6.织牢个人信息"保护网"

2021年8月20日，十三届全国人大常委会第三十次会议表决通过了《中华人民共和国个人信息保护法》，自2021年11月1日起正式施行。作为中国首部针对个人信息保护的专门性立法，该法将进一步强化个人信息安全监管与治理，与《中华人民共和国民法典》《中华人民共和国网络安全法》《中华人民共和国数据安全法》《中华人民共和国电子商务法》《中华人民共和国消费者权益保护法》等共同编织一张个人信息的"保护网"。该法将"告知同意"作为个人信息保护核心规则，明确规定处理个人信息应当具有明确、合理的目的，且应当与处理目的直接相关，采取对个人权益影响最小的方式；搜集个人信息，应当限于实现处理目的的最小范围，且在事先充分告知的前提下取得个人同意。今后"一揽子授权""强制同意"等过度搜集用户个人信息的行为将被限制。

7.保障算法推荐选择权

为了规范互联网信息服务算法推荐活动，维护国家安全和社会公共利益，保护公民、法人和其他组织的合法权益，促进互联网信息服务健康有序发展，2021年12月31日，国家互联网信息办公室、工业和信息化部、公安部、国家市场监督管理总局联合发布《互联网信息服务算法推荐管理规定》，明确了算法推荐服务提供者的用户权益保护要求，包括保障算法知情权，要求告知用户其提供算法推荐服务的情况，并公示服务的基本原理、目的意图和主要运行机制等；保障算法选择权，向用户提供不针对其个人特征的选项，或者便捷地关闭算法推荐服务的选项。

（四）数字经济相关观点

（1）数字经济的服务性、先进性、承载性、快速性是数字经济的四个属性。5G 通信技术、航天、核电、高铁、磁浮等技术都是基于数字化手段提升的，数字经济变化速度非常快，我们要用一种开放的心态，拥抱科技、拥抱未来，促进实体经济健康发展，提升国家经济实力、科技实力。（中国科学技术协会原副主席、国际核能院院士张勤）

（2）四个方面加快数字经济领域标准化建设。从整体来看，数字经济领域的标准化建设仍道阻且长，应从四个方面加快发展：一是标准制定进度有待加快，"标龄"有待缩短；二是包括基础通用标准、关键技术标准、融合应用标准、产业服务标准、数字化转型标准等在内的完整标准体系急需建立起来；三是一些行业的团体标准不同程度地存在交叉、重复以及矛盾等问题，需要有效统一协调；四是在数字经济领域关键核心技术方面的有效专利数不足，国际标准化贡献率有待进一步提高。（中国工程院院士陈晓红）

（3）新型基础设施建设更强调"提升拓展"。与既往互联网建设不同的是，在新型基础设施建设任务中，更强调了"提升拓展"："提升"是指互联网和移动互联网的服务能力，进一步支撑发展互联网和移动互联网服务；"拓展"则是在之前网络基础设施建设的基础上，拓展部署空间信息基础设施和物联网，从而培育这些领域的新业态、新模式、新产业。（中国电子信息产业发展研究院信息化与软件产业研究所副所长蒲松涛）

（4）全球数字经济渗透率将超过30%。未来10年，全球数字经济渗透率将超过30%；未来30年，数字经济将取代当前两种基本经济形态——实体经济与虚拟经济，形成高渗透率的数字经济生态体系，物化的物质生产与虚拟链接、运行、存在的关联方式将再一次发生颠覆性革命。（中国国际经济交流中心总经济师陈文玲）

二、适应数字时代的战略抉择

数字经济是人类社会发展出的一种新经济形态。不同于农业经济、工业经济以土地、劳动力和资本作为关键生产要素，数字经济最鲜明的特点在于以数字化的知识和信息（数据）作为关键生产要素，以有效运用网络信息技术作为提升生产效率和优化经济结构的核心驱动力。当前，人类社会正在进入以数字化生产力为主要标志的全新历史阶段，发展数字经济成为适应新一轮科技革命和产业变革的战略抉择。

（一）有利于推动构建新发展格局

加快构建以国内大循环为主体、国内国际双循环相互促进的新发展格局，是"十四五"时期一项关系我国发展全局的重大战略任务。发展数字经济，有利于畅通国内外经济循环，是加快构建新发展格局的重要途径。构建新发展格局的关键在于经济循环的畅通无阻，立足新发展阶段，畅通经济循环最主要的任务是供给侧的有效畅通。以需求为导向的数字经济在畅通生产要素流动、提高资源配置效率、链接供给与需求等方面具有天然优势，能够将市场需求信息更加及时准确地传递给企业。2021年"双11"前夕，各地工厂进入赶工备货的忙碌时刻，以前平均1 000件起订、15天交付，如今100件起订、7天交付，服装工厂利用智能化调度排产系统，实现从"以产定销"到"以销定产"的转型；根据用户需求定制洗碗机、清洁机器人，家电企业完成了从"我生产什么你买什么"到"你要什么我生产什么"的转变。当下的中国，越来越多的企业借助数据和算法的"智慧"，打通堵点，清理淤点，进一步提升技术、产品和服务供给能力，以高质量供给引领创造新需求，实现供需的高水平动态平衡，畅通国内循环。与此同时，通过数字经济平台强化对外贸易纽带，国内企业深度融入全球产业链、供应链，畅通国内国际双循环，在国际贸易和国际竞争中取得比较优势。

（二）有利于推动建设现代化经济体系

我国经济已由高速增长阶段转向高质量发展阶段，建设现代化经济体系是跨越关口的迫切需求和我国发展的战略目标。数字经济不仅是新的经济增长点，还是改造提升传统产业的支点，更是构建现代经济体系的重要引擎。当前，数字经济已经成为我国经济发展的新动能。手机端，近8亿消费者滑动手指，酣畅地"买买买"；屏幕中，数十万品牌厂商在直播间里掀起带货热潮。中国信息通信研究院发布的数据显示，2020年我国数字经济规模达39.2万亿元，同比增长9.7%，增速是GDP增速的3倍。2002—2020年，我国数字经济占GDP比重不断攀升，由10.0%提升至38.6%，对GDP增长的贡献率接近70%。

特别是新冠疫情发生以来，电商零售、远程办公、远程医疗、在线教育等市场需求巨大，影视文娱、餐饮旅游、美容服饰等受疫情影响较大的行业向数字经济靠拢，依托视频直播、电子商务等应用缓解经营压力。数字经济为人们直观地展现信息技术深度融合与数字化转型所带来的巨大效益，塑造人们新的生产消费习惯，成为驱动我国经济增长的核心关键力量。同时，得益于大数据、云计算、人工智能等新一代数字技术的广泛应用和数字化应用场景的多元丰富，传统产业转型升级的动力不断汇聚。从开发"数字大脑"，实现"产、供、销、人、财、物"数据的智能挖掘，到建立物联网追溯体系，对加工、储运、流通全过程实时监控，数字技术帮助传统产业跨界融合、重构组织模式、降低生产成本、提高生产效率，获得转型升级乃至弯道超车的机遇，成为推动我国经济高质量发展的关键引擎。

（三）有利于推动构筑国家竞争新优势

当今时代，数字技术和数字经济是世界科技革命和产业变革的先机，世界各国都把推进经济数字化作为实现创新发展的重要动能，力图依托各自信息、科技等领域的优势，抢占未来发展的制高点。在围绕数字经济的全球竞争中，各国抢抓数字经济的发展机遇，推出发展战略，制定治理规则，从顶层设计的高度加速数字经济布局。例如，美国商务部早在2015年就发布了《数字经济议程》，2016年制定了《国家人工智能研究和发展战略计划》并于2019年予以更新。2020年，欧盟发布了《塑造欧洲数字未来》，制定了欧盟数据战略等。数据显示，2019年美国、日本、印度等47个国家数字经济增加值规模达31.8万亿美元，占上述国家GDP总和的41.5%，占据着各国经济发展的主导地位。

三、数字经济发展成果显著

以1994年我国正式接入国际互联网为标志，数字经济开始走入我们的视野。此后，数字经济经历了以提供信息服务为主的萌芽阶段和以电子商务为主的起步阶段。党的十八大以来，党中央提出关于数字经济发展的一系列战略目标，支持基于互联网的各类创新，数字产业化和产业数字化不断发展。我国数字经济从"跟跑"发展到"并跑"，在一些领域还实现了"领跑"，数字经济蓬勃发展、成果显著。

（一）数字产业化量质齐升

数字产业化是指数据要素的产业化、商业化和市场化。"十三五"期间，我国数字产业实现跨越式发展，产业规模持续扩大，新业态、新模式不断涌现，为数字经济的发展奠定了坚实的基础。

1.体量全球领先

2020年我国数字产业交出了一份亮眼的成绩单：数字经济增速居世界第一，数字经济总量跃居世界第二，数字经济头部企业数量进入全球第一方阵，成为引领全球数字经济创新的重要策源地。2019年福布斯公布的全球数字经济100强榜单中，我国共有14家企业上榜（含港澳台），位列世界第二位。世界经济论坛发布的100家工业4.0时代的全球"灯塔工厂"中，中国占30%，超过美国、日本、法国、德国。这些耀眼的数据彰显了我国数字经济的发展活力。

2.规模持续增长

2020年，我国数字经济核心产业增加值占GDP比重达7.8%，数字产业化规模持续增长。在信息基础设施方面，我国已建成全球规模最大的光纤和移动通信网络，4G网络覆盖城乡，5G网络加快发展，质优价廉的信息通信网络，让各种各样的技术及应用飞入寻常百姓家，融入生产生活的方方面面。此外，我国数字经济硬件、软件产业规模不断扩大，产品类型不断丰富。软件业务收入从2016年的4.9万亿元增长至2020年的8.16万亿元，增长近1倍；大数据产业规模从2016年的0.34万亿元增长至2020年的超过1万亿元；集成电路产业规模年均增速近20%，为全球同期增速的4倍，我国成为全球规模最大、增速最快的集成电路市场（国家统计局，2022）。

3.新业态不断涌现

数字产业火热，场景是最好的"解说员"。在线课堂、互联网医院、智慧图书馆、智能小区，从购物消费、居家生活、旅游休闲、交通出行等各类场景到教育、医疗、养老、就业、助残等重点领域，我国数字化服务迭代升级，新业态不断涌现，展现着数字产业化发展的气象万千。数据显示，2020年京东生鲜销售同比增长215%，盒马每天的生鲜订单量达10万份，我国连续8年成为全球最大的网络零售市场；2020年钉钉春夏新品发布会消息，疫情发生以来，企业组织在钉钉上发起在线会议的数量，单日突破2 000万场、超1亿人次；青岛通过5G网络和云视讯系统，完成12个重点项目"网上签约"；杭州举办的"杭向未来"高层次人才云聘会上线2个多小时，就有近5.8万人浏览，近万人投送简历。数字技术改变着时代场景，也创造着未来生活，亿万人民在数字经济中拥有了更多获得感。

4.技术不断突破

"十三五"时期，我国在量子计算、高端芯片、高性能计算机、网络架构、基础操作系统、卫星互联网应用、工业互联网及智能制造等领域取得重要进展。2019年以来，我国5G、区块链、人工智能等领域专利申请量居全球第一。国产中央处理器和存储器与国外先进水平差距缩小，统信UOS、"鸿蒙OS"智能终端操作系统等相继推出，智能语音识别、云计算及部分数据库领域具备全球竞争力。一大批重大科技成果成为推动我国数字产业化高速发展的重要力量。

（二）产业数字化转型加速

产业数字化是数字技术和实体经济的深度融合。随着大数据、云计算、物联网等新一代信息技术取得重大进展，数字技术向经济社会各领域全面渗透，新的人工智能应用场景不断被开发和挖掘，成为我国产业升级、发展方式转变的新路径。

1. 应用场景和产业生态加速构建

我国顺应数字化、网络化、智能化的发展趋势，积极实施"上云用数赋智"行动，围绕数字经济重点产业及数字化应用场景重点发力，企业数字化转型不断走深走实。在吊车操控室里，远控自动化技术让操作员的机械操作杆变成了可远程操控的电子按键和手柄，效率和精准度大幅提升；在农作物大棚里，生产搭上了数字化便车，抗寒保暖、浇灌等工作均实现智能管理，智慧农业、智慧农机关键技术攻关和创新应用研究不断加强；在制造业企业中，数字工厂仿真、企业资源计划系统、生产过程执行管理系统、智能物流等广泛应用，使得生产线变得更"聪明"、更高效。截至2021年6月底，中国制造业重点领域关键工序数控化率、数字化研发设计工具普及率分别达53.7%和73.7%，智能制造装备国内市场满足率超过50%。从行业来看，服务业、工业、农业的数字经济渗透率分别达37.8%、19.5%和8.2%。产业数字化提速、数字技术与实体经济的深度融合把我国的产业优势延伸到了数字时代（国家统计局，2022）。

2. 工业互联网平台有效搭建

2016年，我国将工业互联网作为工业转型升级的重要发展方向，工业互联网的种子开始落地生根。"十三五"时期，工业互联网助力企业研发设计、生产制造、经营管理、市场服务等多个环节数字化升级，赋能全产业链协同转型。在疫情防控过程中，工业互联网发展进入快车道。企业利用大数据、工业互联网等不仅能有效对接关键物资供给和需求信息，为实时精准调配物资提供基础信息，还能针对性地加强关键物资生产原材料供给，快速提升物资生产能力。截至2020年，我国具备行业、区域影响力的工业互联网平台超过80家，工业设备连接数超过6 000万台，工业互联网标识解析体系初步构建，五大国家顶级节点稳定运行。各类型工业应用软件数量突破35万个，国家、省、企业三级联动的安全技术监测服务覆盖11万家工业企业，工业互联网对各行业的带动作用初步显现（国家统计局，2022）。

四、激发数字经济的潜在活力

《中华人民共和国国民经济和社会发展第十四个五年规划和2035年远景目标纲要》将"加快数字化发展 建设数字中国"单列成篇，将"打造数字经济新优势"，要求"充分发挥海量数据和丰富应用场景优势，促进数字技术与实体经济深度融合，赋能传统产业转型升级，催生新产业新业态新模式，壮大经济发展新引擎"，为我国数字经济发展指明了方向、注入了动力。

（一）数字经济行不行，核心技术是命门

在数字经济的发展过程中，互联网核心技术是我们最大的"命门"，对于提高数字经济的发展潜力和核心竞争力、推动数字经济健康发展起着至关重要的作用。不掌握核心技术，我们就会被"卡脖子""牵鼻子"，不得不看别人脸色行事，关键核心技术要不来、讨不来、买不来，要掌握数字经济发展主动权，保障网络安全、国家安全，就必须突破核心技术难题。

我国数字经济主要依靠互联网人口红利和市场红利获得发展，数字经济的"消费端"较为成熟，"技术端"和"创新端"则相对薄弱。以传感器为例，作为数据采集的唯一功能器件，也是信息技术的基础核心元器件，其采集的数据是感知、传输和处理信息系统中流淌的"血液"。在公众媒体公布的影响国家长期安全和经济繁荣至关重要的

22项技术中，有6项与传感器技术直接相关。然而，与发达国家传感器研发生产水平相比，我国还有较大差距。例如，目前全球传感器品种大概有2万多种，我国仅能生产其中的一部分，整体技术含量较低。同时，国内传感器市场规模价值上千亿元，大部分被欧美国际零部件巨头占据，包括汽车、科学仪器等领域在内的传感器供给市场，95%以上的份额都掌握在外资企业手里。这成为制约我国产业数字化转型的几大"卡脖子"技术之一。在机器人行业，工业机器人"四大家族"（瑞士ABB、德国库卡、日本发那科和安川电机）共同占据着中国机器人产业相当大的市场份额，几乎垄断了机器人制造、焊接等高阶领域。工业机器人和特种机器人在智能制造和高端制造领域扮演着重要的角色，机器人关键技术国产化率较低、核心技术受制于人的现状，让我们很难与"四大家族"竞争。疫情之下全球产业链和供应链断裂，贸易、资金和服务等流动严重受阻，我们必须紧紧牵住自主创新这个"牛鼻子"，聚焦高端芯片、操作系统、人工智能关键算法、传感器等关键领域，加快推进基础理论、基础算法、装备材料等研发突破与迭代应用；加快布局量子计算、量子通信、神经芯片、DNA存储等前沿技术，支持数字技术开源社区等创新联合体发展，提高数字技术基础研发能力，加强产业共性技术供给，打好关键核心技术攻坚战，尽快实现科技自立自强，把发展数字经济自主权牢牢掌握在自己手中。

（二）数字经济牢不牢，新型基础设施是基石

在2018年中央经济工作会议上，新型基础设施建设的概念首次被提及。疫情发生以来，国家层面密集部署，"新基建"进入了加速发展的快车道。如果说日趋丰富的新技术新业态是一座数字经济"高楼"，那么"新基建"则是这座高楼的"地基"。"新基建"一方面连着巨额投资，另一方面牵着不断升级的应用市场，推动数字经济产业不断向前发展。"新基建"不仅包括5G、数据中心、人工智能、工业互联网、

物联网等新一代信息技术，还包括特高压、城际高速铁路和城际轨道交通、新能源汽车充电桩等。在传统基建带动经济增长作用逐步减弱的情况下，以信息基础设施为代表的"新基建"充分发挥了网络效应、平台效应和赋能效应，造就了一系列数字经济的新产品、新模式、新业态。疫情期间，智能制造、无人配送、在线消费、医疗健康等数字经济产业展现出的强大成长潜力，让国人第一次大范围感受到5G、人工智能等多种新兴技术已经和水、电、气一样成为城市"基础设施"。过去十年，得益于"新基建"的适度超前建设，我们尽享互联网发展的红利。"十四五"时期，数字技术与各个行业在更大范围、更深层次上融合。为此，要加快5G网络、数据中心等新型基础设施建设，强化信息资源深度整合，推动工业互联网平台进企业、进园区、进产业集群，打通经济社会发展的信息"大动脉"。构建多层次的计算基础设施体系，推动建设公共数据共享交换平台、大数据交易中心等设施，破除"数据孤岛"，提升人工智能基础设施服务能力。同时，要注意对不同类别的"新基建"采取不同发展策略，不能蜂拥而上，造成需求不足带来的产能过剩。

（三）数字经济强不强，融合发展是关键

伴随数字化进程，移动互联网的主战场正在从上半场的消费互联网，向下半场的"主旋律"工业互联网方向发展。数据已成为驱动经济社会发展的关键生产要素，推动实体经济发展模式、生产方式深刻变革。对传统行业的发展而言，数字化转型已不是"选择题"，而是关乎生存和长远发展的"必修课"。

数字技术与经济社会各个领域深度融合，世界各国日益兴起的数字制造就是数字经济与实体经济融合发展的典型范例。以机械加工为例，传统制造技术是以金属切削的方式"做减法"，造成原材料的大量浪费。而在机械加工企业发展数字制造，采用3D打印技术，就可以实

现用"做加法"的方式将材料快速堆叠成设备，大幅度节省工时以及原材料。一些企业还探索建立了"熄灯工厂"，通过对生产全过程进行智能化改造，采用人工智能设备对系统进行自动维护、自我优化和实时监控，由机器人对生产线进行自主操作，实现了关灯状态下的生产过程全自动化作业，以非接触代替了传统的接触式生产。当前，我国数字化转型的有利条件在不断积聚。从前期的生产数字化、办公数字化，到后来的智慧城市建设，再到各类新型基础设施建设的不断完善，都为数字技术与实体经济深度融合提供了改进、提升的机会。同时，人民群众对"数字中国"也有着很高的期待，期盼更好的产品、更优质的服务、更可靠的社会保障，为数字技术与实体经济深度融合提供了扎实的支撑。面向未来，要推动制造业、服务业、农业等产业数字化转型，利用互联网信息技术对传统产业进行全方位、全链条的改造，提高全要素生产率，发挥数字技术对经济发展的放大、叠加、倍增作用。推动互联网、大数据、人工智能同产业深度融合，加快培育一批"专精特新"企业和制造业单项冠军企业。加快企业"上云用数赋智"，提升研发设计、生产制造、企业运维等各部门、各环节的数据链接，推动实体企业业务流程、商业模式和业态创新，不断激发传统产业发展活力。

（四）数字经济好不好，规范治理是核心

"这是市面上常见的一款扫地机器人，其对外的端口存在漏洞，通过该漏洞，攻击者可获取扫地机器人的控制权，还可以录音、拍照等。"在2021年国家网络安全宣传周上，工作人员向观众展示了一台普通扫地机器人如何秒变为窃听、偷窥工具。在便捷和风险共生的数字化社会，数字经济在蓬勃发展的同时，也引发了隐私泄露、数据壁垒、数据鸿沟等一系列问题。规范数字经济发展，完善数字经济治理体系，促进数字经济健康发展迫在眉睫。

数字经济中，由于企业掌握着信息、技术优势，加剧了与用户之间的信息不对称，位置、电话、信息、购买记录等私人信息存在随意被窃取的可能。同时，大型平台企业"赢者通吃"的属性也容易滋生市场垄断等问题。近年来，"双11"期间平台胁迫商家二选一、"机票重搜贵了近1 500元""大数据杀熟"等新闻热搜逐渐揭开了平台经济商业潜规则的冰山一角，让身处网络购物中的人们无奈地感到被算法操控。这些不良商业行为影响着市场的公平竞争和数字经济的健康有序发展。2021年2月，《国务院反垄断委员会关于平台经济领域的反垄断指南》重磅发布；7月，国家互联网信息办公室连续发布了对一些掌握大量用户隐私数据企业实施网络安全审查的公告，数字经济平台迎来"强监管"时代。未来，要进一步促进数字经济在发展中规范、在规范中发展，把握数字经济发展规律，建立健全数字经济治理体系，明确规则，划清底线，促进公平竞争。要加快健全数字经济法律法规，及时弥补规则空白和漏洞，加强数据产权制度建设，强化企业数据安全责任，优化发展"软环境"。同时，也要积极参与数字经济国际合作，主动参与国际组织数字经济议题谈判，维护和完善多边数字经济治理机制，及时提出中国方案，发出中国声音。

回顾过去，从舌尖到指尖，从田间到车间，从地下到天上，数字经济、数字生活的每一幕场景，都留下了为经济赋能、为生活添彩的奋进足迹，孕育着未来坚实的增长。"十四五"乃至更长时期，无论是推动产业结构优化升级、加快新旧动能转换，还是提高人民生活品质，都需要我们准确识变、科学应变、主动求变，认清数字经济发展新趋势，找准数字经济发展新机遇，开拓数字经济发展新局面，不断打造数字经济新优势，助力中国经济巨轮破浪前行，行稳致远。

第二章　我国数字经济发展分析与水平测度

我们要以习近平新时代中国特色社会主义思想为指导，立足新发展阶段，完整准确全面贯彻新发展理念，构建新发展格局，推动数字经济高质量发展。统筹发展和安全，统筹国内和国际，以数据为关键要素，以数字技术与实体经济深度融合为主线，加强数字基础设施建设，完善数字经济治理体系，协同推进数字产业化和产业数字化，赋能传统产业转型升级，培育新产业新业态新模式，不断做强做优做大我国数字经济，为构建数字中国提供有力支撑。

第一节　我国数字经济发展分析

一、国家发展和改革委《"十四五"数字经济发展规划》简介

（一）《"十四五"数字经济发展规划》基本原则

1.坚持创新引领、融合发展

坚持把创新作为引领发展的第一动力，突出科技自立自强的战略支撑作用，促进数字技术向经济社会和产业发展各领域广泛深入渗透，推进数字技术、应用场景和商业模式融合创新，形成以技术发展促进全要素生产率提升、以领域应用带动技术进步的发展格局。

2.坚持应用牵引、数据赋能

坚持以数字化发展为导向，充分发挥我国海量数据、广阔市场空间和丰富应用场景优势，充分释放数据要素价值，激活数据要素潜能，以数据流促进生产、分配、流通、消费各个环节高效贯通，推动数据技术产品、应用范式、商业模式和体制机制协同创新。

3.坚持公平竞争、安全有序

突出竞争政策基础地位，坚持促进发展和监管规范并重，健全完善协同监管规则制度，强化反垄断和防止资本无序扩张，推动平台经济规范健康持续发展，建立健全适应数字经济发展的市场监管、宏观

调控、政策法规体系，牢牢守住安全底线。

4.坚持系统推进、协同高效

充分发挥市场在资源配置中的决定性作用，构建经济社会各主体多元参与、协同联动的数字经济发展新机制。结合我国产业结构和资源禀赋，发挥比较优势，系统谋划、务实推进，更好发挥政府在数字经济发展中的作用。

（二）《"十四五"数字经济发展规划》发展目标

到 2025 年，数字经济迈向全面扩展期，数字经济核心产业增加值占 GDP 比重达到 10%，数字化创新引领发展能力大幅提升，智能化水平明显增强，数字技术与实体经济融合取得显著成效，数字经济治理体系更加完善，我国数字经济竞争力和影响力稳步提升。

1.数据要素市场体系初步建立

数据资源体系基本建成，利用数据资源推动研发、生产、流通、服务、消费全价值链协同。数据要素市场化建设成效显现，数据确权、定价、交易有序开展，探索建立与数据要素价值和贡献相适应的收入分配机制，激发市场主体创新活力。

2.产业数字化转型迈上新台阶

农业数字化转型快速推进，制造业数字化、网络化、智能化更加深入，生产性服务业融合发展加速普及，生活性服务业多元化拓展显著加快，产业数字化转型的支撑服务体系基本完备，在数字化转型过程中推进绿色发展。

3.数字产业化水平显著提升

数字技术自主创新能力显著提升，数字化产品和服务供给质量大幅提高，产业核心竞争力明显增强，在部分领域形成全球领先优势。新产业新业态新模式持续涌现、广泛普及，对实体经济提质增效的带动作用显著增强。

4.数字化公共服务更加普惠均等

数字基础设施广泛融入生产生活，对政务服务、公共服务、民生保障、社会治理的支撑作用进一步凸显。数字营商环境更加优化，电子政务服务水平进一步提升，网络化、数字化、智慧化的利企便民服务体系不断完善，数字鸿沟加速弥合。

5.数字经济治理体系更加完善

协调统一的数字经济治理框架和规则体系基本建立，跨部门、跨地区的协同监管机制基本健全。政府数字化监管能力显著增强，行业和市场监管水平大幅提升。政府主导、多元参与、法治保障的数字经济治理格局基本形成，治理水平明显提升。与数字经济发展相适应的法律法规制度体系更加完善，数字经济安全体系进一步增强。

展望2035年，数字经济将迈向繁荣成熟期，力争形成统一公平、竞争有序、成熟完备的数字经济现代市场体系，数字经济发展基础、产业体系发展水平位居世界前列。

（三）"十四五"优化升级数字基础设施

1.加快建设信息网络基础设施

建设高速泛在、天地一体、云网融合、智能敏捷、绿色低碳、安全可控的智能化综合性数字信息基础设施。有序推进骨干网扩容，协同推进千兆光纤网络和5G网络基础设施建设，推动5G商用部署和规模应用，前瞻布局第六代移动通信（6G）网络技术储备，加大6G技术研发支持力度，积极参与推动6G国际标准化工作。积极稳妥推进空间信息基础设施演进升级，加快布局卫星通信网络等，推动卫星互联网建设。提高物联网在工业制造、农业生产、公共服务、应急管理等领域的覆盖水平，增强固移融合、宽窄结合的物联接入能力。

2.推进云网协同和算网融合发展

加快构建算力、算法、数据、应用资源协同的全国一体化大数据中心体系。在京津冀、长三角、粤港澳大湾区、成渝地区双城经济圈、贵州、内蒙古、甘肃、宁夏等地区布局全国一体化算力网络国家枢纽节点，建设数据中心集群，结合应用、产业等发展需求优化数据中心建设布局。加快实施"东数西算"工程，推进云网协同发展，提升数据中心跨网络、跨地域数据交互能力，加强面向特定场景的边缘计算能力，强化算力统筹和智能调度。按照绿色、低碳、集约、高效的原则，持续推进绿色数字中心建设，加快推进数据中心节能改造，持续提升数据中心可再生能源利用水平。推动智能计算中心有序发展，打造智能算力、通用算法和开发平台一体化的新型智能基础设施，面向政务服务、智慧城市、智能制造、自动驾驶、语言智能等重点新兴领域，提供体系化的人工智能服务。

3.有序推进基础设施智能升级

稳步构建智能高效的融合基础设施，提升基础设施网络化、智能化、服务化、协同化水平。高效布局人工智能基础设施，提升支撑"智能+"发展的行业赋能能力。推动农林牧渔业基础设施和生产装备智能化改造，推进机器视觉、机器学习等技术应用。建设可靠、灵活、安全的工业互联网基础设施，支撑制造资源的泛在连接、弹性供给和高效配置。加快推进能源、交通运输、水利、物流、环保等领域基础设施数字化改造。推动新型城市基础设施建设，提升市政公用设施和建筑智能化水平。构建先进普惠、智能协作的生活服务数字化融合设施。在基础设施智能升级过程中，充分满足老年人等群体的特殊需求，打造智慧共享、和睦共治的新型数字生活。

二、我国数字经济发展现状分析

（一）全国数字经济发展现状分析

1.数字经济发展现状

纵观我国数字经济近些年的发展历程，规模和产值持续扩增，整体表现可观，但从深层次的探索来看，数字经济的蓬勃发展，最大的贡献是资源环境的好转与社会进步，与之相比，数字经济对于经济发展效率与产业结构优化的贡献要稍弱一些。这从侧面反映了数字经济整体发展局面的不平衡，虽然说其规模一直在扩增，但发展效率的提升远远不够，发展空间广阔，要抓住机会，奋勇前行。整体规模持续增长的背后是不断拉大的区域差异，大体呈现东高西低的明显失衡。在数字经济建设中，最大的推手就是东部沿海地区，其中江浙沪发展态势最好，不仅整体数字经济发展势头迅猛，而且均衡性较好，经济效率、资源环境改善，社会进步，结构优化等要素共同作用于数字经济，各要素的力度基本相当，形成了高质量的发展局面，且形成了有效的辐射作用。在中部和西部地区，虽然数字经济同样呈现上行的局面，但横向对比来看，质量相对较差，平衡度也不足，辐射作用有限。基于空间分布格局而言，数字经济大多聚集于东部沿海区域，加之本身领先的经济基础，进一步拉大了与西部的差距。

　　基于政策的支持推动，国内的光缆线路铺设、移动电话基站、互联网宽带接口、IPv6地址都在快速增长，全面加快数字化基础设施建设，极大地驱动了数字经济建设。但有统计数据指出，我国在数字经济领域原始创新相对缺乏，这阻碍了数字经济进步。因此，今后要着力于数字化基础设施建设与数字化技术创新，以更好地促进我国数字经济发展。

　　2.数字经济发展新态势

　　作为经济的新形态，数字经济以领先的数字技术创造了新经济模式与新形态发展。我国的经济由于数字技术的应用而呈现新态势，主要表现为：

　　（1）数字化设施愈发齐备。快速更新和广泛应用的新一代信息技术，催生了数字化设施的构建，极大地增强了网络对信息资源的接入、承载、开发、共享、利用能力。数字技术加速了实体经济对大数据、人工智能、互联网的引进与融合，数据采集、开发、处理、应用、传输等数据基础是促进数字化变革的核心因素，有力地支撑和推动了数字经济发展。新一代基础信息设施具有移动、高速、安全、泛在的特征，是建设大同经济社会的"大动脉"、发展数字经济的沃土和助推器。

　　（2）数字化应用向更多领域渗透。参与数字经济的主体（企业、政府、个体）更加丰富，应用场景更加多元，如数字化交易、数字化生活、数字化管理等。其中尤以企业应用推广势头最猛，创造了生产经营活动的平台化、网络化、社会化、智慧化、个性化。开拓产品市场、改善资源配置、企业的数字化转型，既是经济发展的需要，也顺应了数字时代的发展态势。政府的数字化发展，表现为建立更为高效的数字政务，提升了治理效率。个人的数字化发展，表现为移动电话、数字电视、电脑等的广泛应用，提高了生产生活的便捷度。

（3）数字化产业变革影响广泛。快速更新和广泛应用的数字技术，推动了传统行业的数字化发展与数字产业的升级，互联网、大数据、人工智能对产业的主导效应日益凸显。生产要素与数字技术的创新融合，孕育了大量的新交易模式、新产品、新业态；实体经济的数字化转型，促进了智能供应链、工业互联网、金融科技、共享经济的形成。新产业、新业态拉动了经济发展，催生了网络化、数字化、智能化、创新融合，不断优化经济结构，持续改善资源配置效率，促进经济可持续发展。

（二）各省（区、市）数字经济发展现状

1.东部地区各省(市)数字经济发展概况

北京市数字经济与经济增长耦合协调度，由2010年的勉强协调数字经济与经济增长不足型开始逐步转为初级协调同步发展型，并从2016年开始转为中级协调同步发展型。天津市2010—2012年处于勉强协调数字发展滞后的状态，从2013年起转为初级协调但仍然属于数字发展滞后型，2018年协调度稍有下降。《中国数字经济与经济增长耦合协调度的实证研究——基于2010—2018年中国省级面板数据》显示，天津市为勉强协调数字发展滞后型。河北省从2012年开始由勉强协调经济发展与数字发展同步型转为初级协调经济发展与数字发展同步型。辽宁省2010年与2017年为勉强协调经济发展与数字发展同步型，其余年份均为初级协调经济发展与数字发展同步型。上海市2010—2018年逐步由勉强协调型转为初级协调同步发展型，再转为并保持中级协调同步发展型。江苏省在2010年就已经为中级协调同步发展型，并在2013年转为良好协调同步发展型，从2016年起一直保持优质协调同步发展型。浙江省从2013年起由初级协调同步发展型步入中级协调同步发展时期，2018年保持良好协调同步发展状态。福建省2013年开始由勉强协调同步发展型转为初级协调同步发展型，2017年转为中级协调同步发展型。山东省数字经济发展与经济增长耦合协调度不断提高，由初级协调同步发展型转为中级协调同步发展型，最后转为并保持良好协调同步发展型。在良好协调度的前提下，相较数字经济发展而言，福建省为经济发展滞后型。广东省2010—2013年处于中级协调同步发展型，从2013年开始转为良好协调同步发展型，2016年后保持优质协调发展状态。在协调发展的基础上，相较数字经济的发展而言，广东省为经济发展滞后型。

2.中部地区各省数字经济发展概况

山西省数字经济发展与经济增长耦合协调度在2010年与2015年处于濒临失调数字发展、经济发展不足型，其他年份均处在勉强协调同步发展型。吉林省、黑龙江省自2012年起由濒临失调同步发展型转为勉强协调同步发展型，黑龙江省在2018年转为濒临失调同步发展型。安徽省2012年开始由濒临失调同步发展型转为勉强协调同步发展型，至2017年开始为初级协调同步发展型。江西省自2013年开始由濒临失调同步发展型转为勉强失调同步发展型。河南省2012年实现由勉强协调同步发展型过渡到初级协调同步发展型，2017年开始步入初级协调同步发展型。湖北省和湖南省2014年实现由勉强协调同步发展型过渡到初级协调同步发展型，且湖北省在2018年转为中级协调同步发展型。海南省2010—2018年一直处于濒临失调同步发展型。

3.西部地区各省(区、市)数字经济发展概况

内蒙古数字经济发展与经济增长耦合协调度2010—2018年一直处于勉强协调同步发展型。广西自2013年由濒临失调同步发展型转为勉强协调同步发展型。甘肃、青海、宁夏2010—2018年一直处于濒临失

调同步发展型。重庆市 2012 年由濒临失调同步发展型转为勉强协调同步发展型，并于 2018 年转为初级协调同步发展型。云南省 2016 年由濒临失调同步发展型转为勉强协调同步发展型。四川省 2014 年由勉强协调同步发展型转为初级协调同步发展型。贵州省 2017 年从长期濒临失调状态转为勉强协调同步发展型。西藏 2014 年从勉强协调状态转为濒临失调同步发展型。陕西省数字经济发展与经济增长耦合协调度不断增强，2011 年由濒临失调状态转为勉强协调同步发展型，2017 年转为初级协调同步发展型。新疆长期处于濒临失调同步发展型，2017 年转为勉强协调同步发展型。

三、数字经济下经济增长新动能

数字经济的发展离不开科技创新，只有提升科技创新能力，掌握关键核心技术，才能带来革命性突破并引领数字经济发展。数字经济时代产业结构调整具有必然性，科技创新是产业链现代化能力提升的源头；数字经济时代切换发展动力具有迫切性，科技创新是新时代催生新发展动能的关键。

新型基础设施建设是国民经济的战略性、先导性、基础性内容，是国民经济投资中的重要组成部分，也是最直接、最广泛应用数字经济成果的重要领域。数字经济背景下，新型基础设施建设可以实现技术进步与重大社会投资的结合，有利于释放数字经济红利，为经济增长提供新动能。

（一）科技创新动能

创新是推动社会发展的动力，科技创新能力更是重中之重，其对经济社会发展的支撑和引领作用日益增强。数字经济时代加速演进，加快提升科技创新能力是应有之义，正是有了创新性数字技术的不断加持，才促进了技术要素在生产过程中的持续发力，实现了商业模式的平台化和规模化，达成了运营的数据化和智能化。因此，新旧动能转换过程中，科技创新是关键手段。只有不断提高科技创新能力，才能获得竞争和发展的主导权；只有科技创新之基坚实，才能带来更广泛的科技成果转化。

1.专利发明孵化

专利是政府等行政机关对发明创造进行保护的一种法律形式，具有新颖性、创造性、实用性等特征，是科技创新直接产出情况的反映，是衡量一个国家和地区科研产出质量和市场应用水平的重要指标，常常被用来衡量科技创新能力。进入 21 世纪以来，我国专利申请受理数持续上升。2000 年我国专利申请受理数大约为 17 万项，2019 年专利申请受理数达到 438 万项，20 年时间专利申请受理数绝对数量增长约 25 倍。从专利申请受理数同比增长情况来看，同比增速平均约为 19%，整体保持正向增长，仅在 2014 年出现了 -0.67% 的小幅下降，这对于专利申请受理数长期增长趋势几乎没有影响。同样地，专利申请授权数保持持续上升态势。2000 年我国专利申请授权数约为 10 万项，2019 年专利申请授权数达到 259 万项，专利申请授权数绝对数量增长约 25 倍。从专利申请授权数同比增长情况来看，同比增速平均约为 19%，与专利申请受理数同比增速保持大体一致，整体呈现快速增长，增长幅度具有小幅波动性。申请授权率方面，波动幅度较小，整体保持 55% 左右的授权率，近几年申请授权率持续上升，反映了我国科技创新能力不断增强。

发明专利、实用型专利和外观设计专利中，发明专利相对最为重要。2000 年我国发明专利申请受理数约为 5 万项，2019 年发明专利申请受理数已达 140 万项，发明专利申请受理数绝对数量增长了 27 倍，增长规模略大于专利申请受理数增长规模。从发明专利申请受理数同比增长情况来看，同比增速平均约为19%，与专利申请受理数同比增速大约一致，18年保持连续正向增长。发明专利申请授权数快速增长，2000年我国发明专利申请授权数约为1.2万项，2019年发明专利申请授权数达到45.3万项，发明专利申请授权数绝对数量增长了约37倍，增长规模显著大于专利申请受理数规模。从发明专利申请授权数同比增长情况来看，同比增速平均约为22%，增速大于发明专利申请受理数同比增速。申请授权率方面，波动幅度较小但水平较高，平均授权率约为30%。

2.高新区带动

高新区是中央或省级人民政府批准设立的高新技术园区或科技工业园区，一般以发展高新技术为目的。同时，高新区也是国家创新发展的主力军和主阵地，产业技术创新是实现创新的重要途径之一，因此，本研究选取高新区企业数和高新区企业工业总产值为指标。截至2019年，我国高新区企业数量多达12万个，相比于2003年高新区企业数量增长3.6倍，整体呈现上升趋势；高新区企业占规模以上工业企业单位数的比例从2003年的16%提升至2018年的31%。高新区企业数量的增多为提升科技创新能力、推进科技成果转化等提供了企业平台，有利于实现从技术到产业的转化。2003—2014年，我国高新区企业工业总产值保持持续增长，增长了约10倍。从同比增速来看，连续12年保持正向增长，近年来增长速度有所放缓。高新区企业工业总产值占GDP的比重持续增加，反映出高新区企业在经济社会发展中的贡献程度越来越大。

3.研发资本投入

R&D经费支出是科技创新投入最直接的表现，也是创新驱动发展的重要物质基础，还是科技创新能力提升的强大推动力。R&D经费支出的多少直接反映或影响一国或一地区的科技创新能力。因此，本研究从 R&D 经费支出的数量、比例和活动主体进行现状分析，其中活动主体选取高技术产业为关注点。2006—2018 年，我国 R&D 经费投入持续增加，2018 年共投入约 13 000 亿元，相比于 2006 年 1 630 亿元增长了约 7 倍，R&D 经费支出占国内生产总值的比例稳中有升，近五年保持在 2% 以上。其中，高技术产业 R&D 经费投入同样呈现增长趋势，2018 年共投入约 2 912 亿元，相比于 2006 年 456 亿元增长了 5 倍多，高技术产业 R&D 经费占全国 R&D 经费支出比例相对较为平稳，平均占比约 23%。

（二）数字技术应用动能

数字经济发展需要以现代信息网络为重要载体，这类建设由于其资金投入大、受益范围广、互联互通性强等原因，多为具有公共性质的基础设施，但又与铁路、公路、航空等传统基建不同，传统基建的服务对象主要是传统生产要素"人、财、物"等，而这类基建的服务对象主要是新型生产要素"数字"，因而被称为新型数字基础设施。随着国家大数据战略实施、5G 商用开启以及工业互联网等新技术的发展，我国的新型数字基础设施建设正在稳步推进，其完整网络涵盖内容庞大，但 5G 网络、人工智能、工业互联网、物联网、数据中心、云计算、固定宽带网络、重大科技基础设施和传统基建智能化数字化改造是其主要领域。5G 网络具有高速率、低延迟、高系统容量等特征，将通信连接拓展到了人以外的范围，其应用涉及生活、工作、交通等多个方面，可应用到超高清视频直播、AR/VR 业务、自动驾驶、远程医疗、新零售、在线教育等领域。随着 5G 的不断部署，5G 终端产品陆续上市，满足着市场的多元化需求。以 5G 手机为例，截至 2021 年 6 月底，5G 手机累计上市 339 款，累计出货量达到了 17 729.6 万部，这充分体现了 5G 的使用和普及程度。

（三）宽带网络全面普及

数字经济发展过程中，众多新技术、新模式、新应用场景不断涌现，固定宽带网络也在向着新一代固定宽带网络演进，能提供大带宽、低时延、高可靠的网络入口和高速通道，是信息通信网络的"传导神经"。固定宽带网络是通过光纤、网线、电话线等有线介质提供网络接入、信息传递与信息承载的通信网络，当前我国固定宽带已全面进入"千兆时代"和"光网时代"，光接入与光传送网络从F1G技术时代发展进入F5G（"第五代固网"）技术时代，IP网络也进入IPv6规模部署和应用阶段，智慧家庭、VR、在线教育等新兴业务正在逐渐普及，尤其在疫情期间，固定宽带网络极大地满足了在线教育、远程医疗、远程办公等需求。因此，本研究通过互联网宽带用户接入情况、固定宽带普及率和互联网上网人数及普及率，了解我国固定宽带网络建设现状。截至2020年6月，我国固定互联网宽带接入用户总数累计达到46 501.1万户，互联网宽带用户显著增加。其中，截至2019年底，光纤接入（FTTH/O）用户占比92.9%，我国基础电信运营商网络提速部署成效显著。城市和农村宽带接入用户逐年增长，两者间的占比不断平衡，农村宽带用户占比达30%，我国网络电信基础设施建设不断向下沉的倾向明显。互联网宽带接入用户同比增速有所波动，但整体上保持持续增长态势，近五年保持着平均17%的增长速度。截至2018年底，全国固定宽带普及率达到86.1%。其中，东西部地区的固定宽带普及率均在不断提升，东部地区固定宽带普及率最高，几乎实现了全覆盖；西部地区固定宽带普及率提升程度最大，两年内提升了27.3%；中部和西部地区固定宽带普及率的提升程度高于全国平均水平，这与中部和西部地区普及率起点较低有关。截至2019年底，我国互联网上网人数已达到90 359万人，占我国总人口的64.5%；截至2018年底，我国互联网普及率接近60%。显然，我国信息技术网络建设不断完善，正在走向更广范围的互联互通。

第二节 部分省份数字经济发展水平测度

数字经济是以现代信息网络为载体，数字技术与产业经济相融合为基础的一种全新经济概念。维持数字经济发展的主要生产要素是数字知识和信息技术。数字经济的发展推动着社会经济朝着高质量发展前进，产业经济数字化能加快经济发展模式的转变。作为高新技术产业，数字经济以技术的创新和开发为主要特征，促进经济发展效率的提高，实现经济发展质量的变革，且有利于促进各地政府管理模式的重构。

"十三五"期间，数字经济为我国社会经济健康发展提供了强大助推剂。《数字中国建设发展报告（2020）》中的数据显示，我国数字经济产业增加值占国内生产总值增加值达7.8%，可见数字经济已经成为推动我国国民经济高质量发展的新动能，数字经济总产值占国内生产总值的比重达38.6%，同比增长2.3%。我国建成了世界上最大的光纤网络，基本实现了4G网络覆盖，5G商用明显提速，数字经济规划部署获得较为显著的成效。由数字经济论坛和阿里研究院等联合发布的《2020全球数字经济发展指数》报告显示，我国数字经济发展指数位居世界第二位，平均值达29.6，仅次于美国。其中，农村网络营销产值2020年达1.79万亿元；电子信息制造业产业规模突破1.76万亿元；软件和信息技术服务业规模达6.17万亿元，数字经济产业规模不断扩大。

一、文献综述

由于数字经济在社会经济发展中起到重要作用，数字经济已经成为当下学术界的研究热点。关于数字经济发展，廖博、任菲（2020）结合我国数字经济发展状况，通过建立指标体系进行研究，结果显示我国数字经济的发展水平呈现东部高、西部低的特点。林晨等（2020）通过社会网络分析法，在我国数字经济网络基础上研究了各项网络指标对内地31个省份数字经济发展的影响，从省域角度分析了中国数字经济的空间网络布局。省域范围的研究采用SWOT分析，肖静华等（2020）以内蒙古为研究目标，构建发展数字经济的模式，获取区域数字经济的发展状况，测度该区数字经济规模。杨虎涛（2020）研究了上海数字经济发展现状，构建了数字经济的硬性基础设施、数字技术的使用情况以及创新和治理方面等研究指标体系。在指标体系的选择上，邱冬阳等（2020）以浙江省数字经济为研究主体，从五个层面建立指标体系进行研究，即从科技创新、ICT发展、可持续性、产业数字化和电商平台角度。王娟（2019）采用检验方法结合数据指标，对数字经济与区域经济间的联动性进行实证分析。马文君等（2020）从数字化基础设施、数字化应用以及数字化产业变革三个层面选取指标，结合面板数据建立省域数字经济发展评价体系，构建状态空间模型来分析数字经济与区域经济联动性的动态变化，全面探讨数字经济在不同层次上的发展状况。构建长江经济带数字经济指标体系，肖玲（2021）研究了长江经济带数字经济发展情况。

结合以上各位学者的研究思路，本研究立足9省（区）（山西、内蒙古、安徽、吉林、江西、河南、湖南、湖北、黑龙江）数字经济发展现状展开实证研究。

综上所述，对现有数字经济进行实证分析的主要困境是区域经济的衡量指标难以选择。此外，已有的实证研究因数字经济的共享性，缺少以省域面板数据为视角的数字经济指标测度分析。总体上看，东部地区数字经济较发达，相关研究成果多，具有一定的共享性。本研究立足9省（区）数字经济发展局势，选取9省（区）近几年的经济发展面板数据，通过综合评价法构建数字经济发展各维度指标体系，测算9省（区）的数字经济发展综合水平，以期能更好地推动各省（区）数字经济发展，取长补短，实现各省（区）整体经济高质量发展。

二、数字经济发展水平测度框架构建

（一）研究方法

本研究采用综合评价法，选取9省（区）2015—2020年的指标数据，通过对9省（区）经济各项指标加权，计算出各项指标发展水平的综合得分，建立综合评价指标体系，衡量9省（区）数字经济产业的发展状况。

由于数字经济衡量指标覆盖面广泛，各指标都有不同的量纲和单位，需对数据进行极差标准化处理，即采用公式（2-1）的方式来处理，其中U_{xy}为指标y在x省（区）归一化后的指标数据，其取值范围在[0，1]。对数据U_{xy}整体向右平移0.000 1个单位，为了消除零值对结果的影响，计算公式如下所示：

$$U'_{xy} = \frac{U_{xy} - \min(U_{xy})}{\max(U_{xy}) - \min(U_{xy})} + 0.000\,1 \qquad (2-1)$$

（1）计算指标y下x省（区）所占该指标的权重，用P_{xy}代表在指标y下x省（区）所占该指标的权重。

$$P_{xy} = \frac{U'_{xy}}{\sum_x \sum_y U'_{xy}}, (x=1,2,\cdots,10;y=1,2,\cdots,20) \qquad (2-2)$$

（2）计算各指标熵值：

$$e = -\frac{1}{k}\sum_{y=1}^{20} P_{xy} \ln P_{xy} (x=1,2,\cdots,10;y=1,2,\cdots,20), k=\ln 20 \qquad (2-3)$$

（3）差异系数：

$$g = 1 - e \tag{2-4}$$

（4）各项指标权重：

$$W = \frac{g}{\sum\limits_{y=1}^{20} g} \tag{2-5}$$

（二）指标体系

2021 年 6 月，国家统计局公布《数字经济及其核心产业统计分类（2021）》。该分类立足现行统计工作实际，聚焦数字经济统计核算需求，充分考虑分类的可操作性和数据的可获得性，力求全面、准确地反映数字经济及其核心产业发展状况，从数字经济与制造业和服务业的融合程度、产业技术应用、数字要素驱动力和数字化效率等指标来界定我国数字经济发展水平。

我国具有代表性的数字经济发展指标体系是上海社科院发布的全球数字经济竞争力指数指标体系。该体系从国家、城市和企业三个维度对数字经济领域竞争力进行定量评估分析，以数字基础设施、数字产业、数字创新和数字治理的竞争力为主体，构建了全球数字经济国家评价模型、全球数字经济城市评价模型以及全球数字经济企业评价模型。

赛迪顾问数字经济产业研究中心发布的《2021 中国数字经济城市发展白皮书》，以基础型数字经济、资源型数字经济、技术型数字经济、融合型数字经济和服务型数字经济为指标体系主体的一级指标，具有很高的研究价值。2021 年 4 月，紫光股份旗下新华三集团数字经济研究院与中国信息通信研究院云计算与大数据研究所发布的《中国城市数字经济指数蓝皮书（2021）》，以基础分指数、产业分指数、创新创业分指数、智慧民生分指数为主体构建数字经济发展评价指标，从经济体量、经济复苏、技术创新、区域发展四个方面分析了城市数字化发展的现状和趋势。此外，腾讯"互联网+"数字经济指数指标体系同样具有较高的研究价值。

国外较成熟的数字经济发展指标体系有欧盟数字经济与社会指数（Digital Economy and Society Index，DESI）建议指标体系，该体系以人力资本、互联网应用、数字技术应用、公共服务数字化程度等指标，来衡量欧盟成员国的数字经济水平和社会发展程度。欧盟委员会发布的《2020年数字经济与社会指数》报告，描述了宽带接入、人力资本、互联网应用、数字技术集成和数字化公共服务五个维度，构建了30多个指标综合评价欧盟经济社会的数字化水平和进程。

本文借鉴上海社会科学院全球数字经济竞争力指数指标体系、赛迪中国数字经济指数指标体系、腾讯"互联网+"数字经济指数指标体系、新华三集团城市数字经济指数指标体系，以及欧盟数字经济与社会指数建议指标体系，结合学者对各产业发展水平评价指标的研究，构建衡量9省（区）数字经济发展水平的4个一级指标、10个二级指标和20个三级指标的指标体系。

（三）指标数据的处理

1.统计性描述

本文以9省（区）2015—2020年的数据作为研究数据，共构建4个一级指标、10个二级指标和20个三级指标。指标数据均来源于2015—2020年《中国科技统计年鉴》《中国高技术产业统计年鉴》《中国互联网络发展状况统计报告》和《中国统计年鉴》。具体数据来源如下：互联网端口接入、互联网普及率、域名数及网页数的指标数据来源于《中国科技统计年鉴》和《中国互联网络发展状况统计报告》；R&D从业人员当量、政府政策支持、R&D研究机构数、R&D经费占GDP比重、信息制造业主营业务收入占GDP比重、信息服务业主营业务收入占GDP比重、R&D专利发明数量、技术市场成交额占GDP比重等8个指标数据取自《中国统计年鉴》和《中国科技统计年鉴》；个人移动电话普及率、人均移动互联网流量、网络零售消费量占比、有电子商务活动的企业量、高新技术企业数、高新技术企业利润率、每万元GDP能耗、工业污染治理投资额等8个指标数据来自《中国高技术产业统计年鉴》和《中国统计年鉴》。利用公式（2-1）计算的数据，如表2-1所示。

表2-1　9省（区）数字经济发展水平各级指标的统计性描述

一级指标	二级指标	三级指标	均值	标准差
环境基础	信息基础设施	互联网端口接入	17.80	8 149.10
		互联网普及率	19.80	80.40
		域名数	0.30	88.49
		网页数	49.87	197.80
	人力资源	R&D从业人员当量	176.00	76.21
	政策支持	政府政策支持	1.31	15.31
数字产业	产业规模	R&D研究机构数	0.47	4 123.7
		R&D经费占GDP比重	0.00	0.04
	产业效益	信息制造业主营业务收入占GDP比重	1.24	0.71
		信息服务业主营业务收入占GDP比重	2.22	0.97
	研发创新	R&D专利发明数量	0.00	17.00
		技术市场成交额占GDP比重	0.04	0.57
融合应用	个人融合	个人移动电话普及率	1.07	2.56
		人均移动互联网流量	1.28	1.77

续　表

一级指标	二级指标	三级指标	均值	标准差
融合应用	企业融合	网络零售消费量占比	26.87	61.88
		有电子商务活动的企业量	27.77	8 639.19
		高新技术企业数	12.36	3 654.44
发展影响	经济影响	高新技术企业利润率	274.82	5 678.41
		每万元GDP能耗	2.18	17.89
	社会影响	工业污染治理投资额	1.06	2 609.8

2.指标权重

一般地，各指标在指标体系中的重要性越强，包含有效影响信息越多，该指标的熵权值越大，对数字经济发展综合评价的代表性作用就越强。本文以极值熵权法对标准化后的各指标值进行权重计算（公式2-2），得出9省（区）数字经济各指标权重，如表2-2所示。

表2-2　9省（区）数字经济发展水平各指标权重

一级指标	权重	二级指标	权重	三级指标	权重
环境基础	0.276 92	信息基础设施	0.199 66	互联网端口接入	0.015 89
				互联网普及率	0.076 21
				域名数	0.095 47
				网页数	0.012 09
		人力资源	0.041 92	R&D从业人员当量	0.041 92
		政策支持	0.035 34	政府政策支持	0.035 34

续　表

一级指标	权重	二级指标	权重	三级指标	权重
数字产业	0.311 73	产业规模	0.104 82	R&D研究机构数	0.049 39
				R&D经费占GDP比重	0.055 43
		产业效益	0.150 53	信息制造业主营业务收入占GDP比重	0.055 31
				信息服务业主营业务收入占GDP比重	0.095 22
		研发创新	0.056 38	R&D专利发明数量	0.023 17
				技术市场成交额占GDP比重	0.033 21
融合应用	0.197 18	个人融合	0.112 28	个人移动电话普及率	0.036 16
				人均移动互联网流量	0.076 12
		企业融合	0.084 90	网络零售消费量占比	0.032 34
				有电子商务活动的企业量	0.017 67
				高新技术企业数	0.034 89
发展影响	0.214 19	经济影响	0.118 83	高新技术企业利润率	0.055 12
				每万元GDP能耗	0.063 71
		社会影响	0.095 36	工业污染治理投资额	0.095 34

三、数字经济发展水平特征分析与演变趋势

（一）9省（区）数字经济发展特征

根据计算可知，数字产业对数字经济的发展影响最大，其中包含的各项指标权重之和为0.311 73。数字产业3个维度中6个子指标的熵

权值差异较大，最大的是信息服务业主营收入占GDP比重，说明信息服务业主营收入占GDP比重对数字经济发展环境中的数字产业指标影响较大。环境基础对数字经济发展的影响仅次于数字产业，包含的各项指标的权重之和为0.276 92。在环境基础下的3个维度中，指标熵权值数值之间差异较小，均在0.035以上。信息基础设施的熵权值最大（0.199 66），说明数字环境建设评价中"信息基础设施"的影响最大。6个子指标体系中，网页数的熵权值最小，说明9省（区）数字经济发展对电信产业网页平台的发展还有待加强；域名数的熵权值为0.095 47，在环境基础的6个维度中权重值最大，说明域名数在9省（区）数字经济发展中测度影响最大。从融合应用的2个维度和5个子指标来看，个人融合和企业融合指标权重差异不大。在个人融合中，人均移动互联网流量的权重最大，代表着它对融合应用的作用最大。对数字经济发展影响较小的一个指标是发展影响，各项指标权重之和为0.214 19，其中又以高新技术企业利润率的影响最小，可见可持续发展是当下发展的重点。

（二）9省（区）数字经济综合指数分析

根据标准化后的各指标值及其权重，得出9省（区）数字经济综合指数，如表2-3所示。

表2-3　9省（区）数字经济综合指数

省（区）	数字经济综合指数		均值	排名
	2015年	2020年		
山西	0.214 7	0.314 1	0.257 7	9
内蒙古	0.235 3	0.256 8	0.284 6	5
安徽	0.288 6	0.503 7	0.408 5	3

省（区）	数字经济综合指数		均值	排名
	2015年	2020年		
吉林	0.205 8	0.322 9	0.273 5	7
江西	0.204 9	0.362 5	0.283 7	6
河南	0.372 9	0.647 8	0.510 9	1
湖北	0.282 8	0.513 4	0.412 8	2
湖南	0.273 1	0.487 2	0.392 7	4
黑龙江	0.221 1	0.287 2	0.272 8	8

由表2-3可以看出，9省（区）中，河南省数字经济综合指数由2015年的0.372 9上升至2020年的0.647 8，总体水平领先其他省份，发展势头良好；湖北省数字经济综合指数由2015年的0.282 8上升至2020年的0.513 4；位列第三的安徽省数字经济综合指数由2015年的0.288 6上升至2020年的0.503 7，总体呈现良好的发展态势。

四、9省（区）数字经济发展水平提升策略

（一）加强本地数字基础设施建设

由实证分析可知，促进9省（区）数字经济发展的有效措施仍然是加强数字基础设施建设，推进实体经济与数据运算、人工智能的加速融合。因此，应进一步更新和推广应用新一代信息技术，增强网络对信息资源的接入、承载以及开发、共享和利用能力；通过数据采集和传输等数字基础设施建设，促进数字化核心因素的变革；充分利用新一代基础信息设施的移动、高速和泛在特征，建设各省（区）数字经

济社会的"大动脉",成为各省(区)数字经济发展的助推器。

(二)推动9省(区)数字化向更多领域渗透

数字化向各领域渗透不仅仅表现为移动电话、数字电视、电脑等的应用,这些是可见的个人数字化发展,持续的数字化外延还需要通过参与数字经济的主体更加丰富、应用场景更加多元等方面来体现。其中,顺应数字时代的发展,应推广企业生产经营活动的平台建设,实现全社会类型企业的网络化和智慧化。顺应企业发展的需要,开拓产品市场,改善资源配置,帮助企业数字化转型。而且,数字化领域还需要在政务绩效上体现,为实现各省(区)政府的数字化发展,必然要求建设一个高效率的数字化政务体系。

(三)数字化产业变革与社会经济相互整合

随着互联网、大数据、人工智能等的快速发展,加快了数字技术与生产要素的创新整合,为新模式、新产品、新业态与实体经济的数字化整合提供了技术环境,促进智能供应链、工业互联网、金融科技以及共享经济等在经济产业层的形成。因此,各省(区)应抓住机遇,提供创新融合的政策支持,改善资源配置效率,不断地优化数字产业经济结构,促进经济可持续发展。

第三章　产业结构与消费结构循环升级研究

近年来，大数据、云计算、物联网、区块链、人工智能等数字技术发展迅速，引领社会进入数字经济时代。数字经济产业作为高新技术产业，具有渗透力强、覆盖面广、影响深远等特点，与各产业跨界融合正引发新的产业变革，对产业效率的提升以及新产业的拓展起到重要作用，为产业结构优化带来新的机遇，成为我国经济转型升级的新动力。

随着我国"互联网+"计划和"数字中国"战略的提出，我国数字经济发展进入新时期。数字技术不断渗透，催生了共享经济、平台经济、智能制造、电子商务等新模式新业态，丰富了产业内容和产业层次，推动了我国产业结构优化。数字经济产业作为数字经济发展的基础，对数字经济发展至关重要，是产业结构优化的新引擎，是经济发展的驱动力。因此，研究数字经济产业发展对我国经济发展方式转变和产业结构优化升级具有十分重要的意义。

第一节　数字经济下我国产业结构发展研究

改革开放以来，我国经济持续增长，产业结构持续优化，三次产业比重不断改善。1978—2017 年，三次产业产值比由 7∶12∶6 变为 2∶10∶13，第一产业比重不断下降，第三产业比重逐步提升。虽然产业结构优化取得一定成效，但产业结构问题仍然比较突出。特别是在经济新常态阶段，产业结构性问题逐渐显现，成为我国经济发展的阻碍。我国产业结构问题存在于多个方面，包括：产业效率低，结构单一；产品附加值低，资源错配；第二产业升级缓慢，第三产业发展不足等。种种问题造成我国资源过度消耗、部分行业产能过剩、部分地区环境污染较严重等，影响了我国整体经济的发展和进步，所以加快产业结构优化升级成为当前我国经济发展的重点。

一、我国产业结构现状

（一）我国产业结构现状

产业结构的概念开始于 20 世纪 40 年代，随着对产业经济学研究的深入，对产业结构的定义和认知更加成熟。现阶段学术界将产业结构定义为不同产业间的比例关系和关联关系，可以从"质"和"量"两个方面来考察。产业结构升级优化主要指产量、效率的提升和产业结构的合理，包括产业结构高级化和合理化两个部分。产业结构高级化是指产业结构逐步从低级形式转向高级形式，由第一产业占主导向第二产业、第三产业占主导演进。伴随着产业结构演化规律，高级化又表现为：产品由低附加值向高附加值转变，工业结构由劳动密集型过渡为资本密集型、技术知识密集型，产业由高耗能、低效率向低耗能、高效率转变。产业结构合理化是指在现有的资源条件下，能够合理利用资源，实现生产要素的有效配置，达到各产业部门协调发展，并产生良好的经济效益。主要表现为产业间比例关系、技术联系和相互关系等趋向协调。

我国产业结构向服务化演进的同时，也体现了高技术化的趋势。近年来伴随着"中国制造2025"和创新驱动发展战略的实施，超级计算机、大飞机、5G技术、新能源汽车等领域相继取得突破。在国际分工格局调整和国内产业结构转型的背景下，经济发展面临全新的挑战和机遇。从我国高技术产业主营业务收入数据来看，2010年以后各行业均呈现出增长的趋势，其中电子和通信设备制造行业增速最为显著，明显领先于其他行业。航空航天设备制造、医药和医疗仪器设备制造业一直保持增长趋势，但增速相对于电子和通信设备制造行业较慢。从各产业对应劳动力变动来看，与产业变动趋势基本保持一致，反映高技术产业规模与生产要素之间的结构相对合理。

产业结构与经济发展之间存在着密切的联动关系。当前，我国产业结构渐趋合理，各产业都保持着增长的趋势，但增速不一。第一产业增速存在波动，第二产业一直保持递增态势，第三产业增速平稳。虽然我国的产业结构调整取得了一定成果，但还存在着产业结构不合理，结构升级比较缓慢，地区产业结构不平衡，"二元结构""三元特征"比较明显，产业集中度过低，产业低端粗放等问题。

我国经济正进入由高速发展转向中高速发展的"新常态"阶段，各方面的压力对产业结构转型提出了新要求，各界积极关注产业结构的优化升级，实现其高级化、合理化。分析我国产业结构的发展现状与存在的问题，简要评述其发展前景，系统分析、深化产业结构研究，明确我国现阶段产业结构状况，在现阶段显得尤为必要。

学术界对产业结构的研究很多，大体集中在产业结构优化升级和产业结构变动与经济增长两方面。孙颖、郑春梅等（2008）通过对北京市1987—2007年各产业产值及从业结构的研究，发现产业结构的有益调整有利于经济增长。汪茂泰、钱龙（2010）通过研究1992—2007年各产业产值及从业结构，认为现阶段的产业结构不太适于经济增长，还认为第二、第三产业的发展能有效促进经济增长。

21世纪以来，经过多年调整、升级，我国的产业结构有了很大进步，越来越趋于合理。从各产业具体情况来看，各产业总体都保持着增长的趋势，第一产业增速存在波动，第二产业一直保持递增态势，第三产业增速平稳；从收入比重方面来看，第一产业有所下降，第二产业和第三产业都有所增加；从收入增速方面来看，第一产业增速最低，第三产业增速较快，第二产业增速最快；从从业人员就业比重来看，第一产业不断下降，第二产业相对稳定，第三产业有了明显提高。总之，近年来第一产业增长相对缓慢，第二产业增长迅速，第三产业突破了以商贸、餐饮为主的单一发展格局，开始出现了金融、保险、研发、咨询等行业共同发展的格局。

（二）我国产业结构存在的问题

虽然近年来我国的产业结构调整取得了很大进展，但是仍然存在很多问题，经过归纳梳理，大致有以下几方面：产业结构仍不合理，结构升级比较缓慢，地区产业结构不平衡，"二元结构""三元特征"比较明显，产业集中度过低等。

1.产业结构仍不合理,结构升级比较缓慢

当前，我国的产业结构仍不太合理，结构升级比较缓慢。总体来说，第一产业发展较为落后，第二产业比重较大，第三产业发展不足。第一产业内部结构虽有所优化，但发展仍较为缓慢。农业技术落后、

现代化水平不高，劳动生产率较低，劳动力过剩，人均收入水平仅略高于低收入国家的平均水平。第二产业比重较大，虽然总量增长稳定，但大多集中在低附加值的低端产业，高附加值的高端产业仍较少，部分关键核心技术仍受制于人，创新驱动力不足。第三产业的发展明显滞后，总量偏小、比重偏低，传统行业如商贸、餐饮等比重较大，新兴行业如信息、金融等的发展虽然较快，但技术和创新能力不足，发展还很不充分。

2.产业集中度较低，产业低端粗放

我国产业的集中度较低，规模较小且布局分散，不利于充分利用规模经济和范围经济获得超额利润。另外，我国的产业发展模式还较为低端，发展中存在的诸如物质消耗高、能源消耗高、环境污染高的"三高"问题依然棘手，资源透支、环境污染仍然存在，低污染、高技术、高附加值的高端产业还不够强大。遵循科学发展观，坚持可持续的发展道路，建立适合我国经济发展的产业结构，是我国经济发展的必由之路。我们必须清醒地认识到，水滴石穿非一日之功，促进产业结构合理化、高级化还任重道远。

二、数字经济对产业结构优化升级的影响路径

数字技术已经深入经济生活的各个方面，成为我国经济发展和社会进步创新、技术进步的核心，数字经济产业为产业结构优化升级提供了强大的支撑，助推我国经济实现转型升级。这里主要探讨数字经济产业是通过何种路径影响产业结构，并促进产业结构优化升级。我们从传统产业改造、新兴产业形成和需求端重塑三方面分析数字经济产业对产业结构优化升级的影响。

首先，数字经济产业为传统产业生产提供技术支撑，促使传统产

业生产方式、业务流程和组织方式发生变革，提升了传统产业效率和产品技术含量，有助于传统产业优化升级。其次，数字经济产业与传统产业融合，加快催生新模式新业态，使产业系统趋向复杂化。最后，从市场需求角度看，数字经济产业发展改变了市场的需求结构，使产业结构发生调整。

（一）数字经济产业改造传统产业，促进产业结构优化升级

数字经济产业对产业结构优化升级的促进作用很大程度上表现在对传统产业的升级改造上。数字经济产业具有高渗透性，通过互联网、电子商务、云计算等方式，将数字技术、数字服务、数字信息渗透到传统产业生产、经营、销售的各个环节，提高产业效率，提升产业数字化水平，促进传统产业改造，实现产业结构优化升级。

数字经济产业通过对传统产业改造促进产业结构优化升级主要体现在以下三个方面。

第一，数字经济产业的发展改变传统产业生产方式，使传统产业向智能化、个性化升级。数字技术和智能设备在生产中的广泛应用，能够提高传统产业劳动生产率和资源利用率，实现传统产业智能化、数字化发展。在工业经济时代，基于成本和效率的考量，规模化、标准化是主要生产方式。在数字经济条件下，产品和市场不断被细分，根据用户需求，对产品进行个性化研发成为趋势，标准化的生产方式逐渐向个性化、差异化生产转变，有助于激发企业生产需求，增加企业内在活力。

第二，数字技术推动传统产业内部流程再造，提高产业效率。电子商务交易模式下，产品可以不受时间、地点的限制传递到用户手中，扩大了交易范围，降低了交易成本，加快了资源流通速度，引发企业流程再造。应用大数据技术等，可以获取用户画像，进而通过产业链资源整合，使传统产业的生产、经营、销售各环节更能满足用户需求，

从而推动传统产业发展，提高产业竞争力。

第三，数字经济改变产业组织方式，激发产业创新力。随着数字技术的不断创新发展，平台经济发展迅速。平台经济下，产业组织方式产生变革，由链条式转变为网络协同式，分包和众包模式的发展给中小企业带来更多的商业机会。平台经济下的新模式新规则重构产业生态，数字化能量不断释放，产业创新创造能力明显提升，有助于传统产业变革。

（二）数字经济产业促进新兴产业形成，带动产业结构优化升级

数字技术在数字经济产业的带动下快速发展，随着数字技术的创新和变革，产业分化和重组速度加快，各产业间融合的进程大大提高，不断形成新产品、新服务、新业态、新模式，重构产业生态，促进产业结构升级。数字经济产业促进新产业形成的方式主要包括以下三种。

第一，数字技术打破产业边界，促进产业间延伸融合。传统模式下，产业边界清晰，农业的分散化生产模式与工业的大规模生产模式截然不同。数字经济模式下，各产业越来越多地使用数字资源等无形资源，产业趋向"无形化"和"数字化"，进而打破产业边界，促进产业融合，形成新产业。

第二，数字经济产业依靠其高创新性和强渗透性，加速向其关联产业渗透融合，形成新模式、新业态，进而促进产业结构调整。近年来，数字经济产业与零售业、金融业、交通运输业等产业融合度较好，形成网上约车、电子商务、网络金融、智能物流等新模式、新业态，促进服务业的发展，推动产业结构优化升级。

第三，数字技术加快产业链上、下游产业融合速度。在产业间或产业内，数字技术使原本独立的产品或服务重新结合，得到不同于原有产品和服务的新型产品和服务。以数字技术为纽带，加快上、下游产业的重组融合速度，形成新的生产门类和部门，有利于扩大产业范

围，增加产业层次，促进产业结构调整升级。

（三）数字经济产业重塑需求端，拉动产业结构优化升级

需求变动是影响产业结构的重要因素，产业的发展建立在需求的基础之上。数字经济产业通过以下两种方式影响需求端，进而拉动产业结构优化升级。

第一，数字经济产业的发展改变了消费者传统的消费习惯、消费方式，重塑需求端，为相关产业的发展带来了巨大的市场需求，需求倾向变化必将驱动产业结构改变。数字技术发展带来的数字消费，改变了消费的性质，使产品和服务发生了变化，从农产品、工业产品到几乎所有的服务，包括农用设备、工业生产设备、零售、金融、医疗等都发生了一定变化，特别是依靠数字技术形成的在线支付、新零售、平台经济等新业态，更好地满足了用户的需求，促进了这些产业的快速发展，使产业结构更加复杂化。

第二，数字经济产业的应用提升了相关产业效率，促进产业的成本下降，价格降低。价格优势提高了产品市场竞争力，刺激了消费需求，增加了产品销量，带动了相关产业的发展和产业结构的调整。同时，对数字消费需求的增加会促进资源向数字经济产业部门流动，直接带动数字经济产业自身发展，数字经济产业作为高新技术产业，其发展直接促进了产业结构高级化。

（四）数字经济产业对三次产业优化升级的影响路径

数字经济产业具有强渗透性和高创新性，数字经济产业与各产业跨界融合，使产业的生产、流转、销售等环节得到优化，产业效率不断提高，传统产业不断变革，为产业结构优化升级提供了强大的动力。本研究依据三次产业划分法，分别分析数字经济产业对农业、工业、服务业的具体影响。

1.数字经济产业对农业优化升级的影响路径

农业是经济发展的基础，是其他部门存在的必要条件。农业生产比较关注地区的土壤水源特征、物种的生物特性以及气候条件等信息。数字经济产业在农业中的应用，一方面正是通过及时获取和传递这些信息，将生产要素紧密结合起来，促进要素在地区间和时间上合理流动和配置，提高资源的利用率。另一方面，将数字技术应用于农业生产经营的全过程，使农业的生产、流通与销售过程不断得到完善，提高农业现代化和数字化水平，实现农业转型升级。

数字经济产业对农业的影响主要体现在生产方式、经营方式和流通方式三个方面。具体表现为：

第一，将数字技术应用于农业生产中，使传统的农业生产方式得以改进，有利于降低农业生产成本，提高农业的劳动生产效率和土地生产力。通过遥感技术、地理信息系统和物联网等新一代信息技术可以准确获取土壤特质、水质特征和动植物的生长特征等信息，使资金、资源、劳动力实现有效结合，提高资源的使用效率。同时，运用智能设备可以对动植物的育种、遗传进行研究，改善农作物品种和质量，也可以实现农作物播种、灌溉和施肥等生产管理过程的自动化，促进农业优化升级。

第二，数字技术提高了农业经营管理的水平。通过数字技术可以及时准确地获取天气情况、农业市场信息和农业政策法规信息，并可以通过网络学习最新的农业生产管理技术，提高数字化管理水平。

第三，数字技术改变了农产品的流通方式。随着农村电商的发展，农产品在各大网络平台进行销售，加快了农产品在市场上的流通速度，提升了农产品流通效率。将区块链技术应用于农产品溯源，使交易数据公开透明，有助于防范造假制假，保证食品安全。

2.数字经济产业对工业优化升级的影响路径

工业在经济发展中处于重要地位，工业水平直接决定着一个国家经济发展水平。我国工业发展过去一直呈现高投入、高消耗的生产模式，对资源环境造成巨大压力，工业结构问题亟待解决。数字经济产业与工业的跨界融合，不仅能够提高工业企业生产设计的技术含量，提高资源能源的利用效率，而且还能为工业的生产销售等环节提供信息支撑，通过大数据分析，提高工业发展水平，促进工业结构优化。

数字经济产业对工业的影响主要体现在研发设计、智能生产和销售管理三个方面。

第一，通过数据库计算中心，为工业产品提供信息支撑；通过数据共享，实现工业产品数字化设计。2018年，数字化研发设计工具普及率已由2013年的52%上升到67.4%，关键工序数控化率由27%提高到47.8%。数字化过程大量减少了人力的投入，显著提高了设计效率和设计水平，促进了工业产业结构优化。

第二，数字经济产业为工业发展提供了设备保障，数字化制造装备提高了工业产业生产效率。在生产过程中，通过生产数据、生产参数的自动监测和智能控制，可以减少劳动力资源投入，提高生产水平和生产效率，还可以降低能耗，实现集约化生产、绿色生产，促进生产要素结构及劳动力结构的优化升级。

第三，电子商务的发展实现了工业产品销售创新。首先，通过网络可以进行市场分析，了解市场需求，使生产供给与市场需求更匹配；其次，通过各大电商平台可以发布销售信息，使销售不受地理位置的约束，扩展销售途径，降低销售成本，扩大销量。

3.数字经济产业对服务业优化升级的影响路径

服务业是衡量社会现代化水平的重要标志。当前我国服务业是数字化创新最为活跃的领域。随着数字技术发展，数字经济产业与服务业融合，不断产生新模式新业态，增加服务技术含量，丰富服务业内容。通过线上线下一体化流程，能够实现服务业供给端对市场需求快速响应，使服务真正符合客户需求，实现服务业升级。

数字经济产业对服务业的影响主要从创新服务模式和丰富服务内容两方面提升服务质量，促进服务业转型升级。

第一，创新服务模式。传统的线下服务模式给服务提供方和顾客造成了诸多不便，而随着数字技术的发展，不仅可以通过网络提供服务和进行消费，而且可以比较精准地把握顾客的消费需求，为顾客提供个性化服务。传统服务模式不断融入创新元素，形成诸如共享经济、电子商务、网约车、互联网金融等新型服务模式，提高服务效率和服务质量。

第二，丰富服务内容。数字经济产业与服务业的融合，加快了传统服务业数字化发展，使服务业供给能力得到释放，并产生了新模式新业态，扩大了服务范围，丰富了服务内容。

三、数字经济下居民消费结构升级研究

经过30多年的经济高速发展，中国经济已由短缺经济过渡为过剩经济，买方市场已经形成，企业面临日趋激烈的市场竞争。资源是稀缺的，过剩永远是相对的，无限商机也蕴藏在这复杂多变、竞争激烈的市场之中。谁能独具慧眼发现机会，领先一步利用机会，谁就能在竞争中占据主动。因此，市场机会的识别和利用已成为企业发展的当务之急。市场营销管理是企业竞争的重心之一，而市场营销机会分析又是市场营销管理的基础和起点。不做市场营销机会分析便没有市场营销管理，不做好市场营销机会分析便没有有效的市场营销管理。要真正做好市场营销机会分析，就必须掌握市场营销的核心理念。

（一）我国居民消费结构变化概述

在市场营销学研究领域中，市场是以消费需求为中心形成的市场。从生产观念到推销观念，再到营销观念，企业经营观念发生了根本性变化。市场营销观念的诞生是现代企业经营观念的一次革命，从根本上改变了企业经营的指导思想，即从原来的以产定销转变为以销定产，明确地指出企业必须以顾客的需要为最根本的出发点。这足以说明"以满足顾客需求为出发点，一切以顾客为中心"已成为市场营销的核心理念之一。

一般来讲，企业的顾客市场可分为五类：消费者市场、生产者市场、经销商市场、政府市场和国际市场。消费者市场，是消费者为了个人或家庭集体消费而购买商品，他们为自身消费购买商品和劳务，也就是我们通常所讲的居民消费，这是企业顾客市场的重要组成部分。既然一切以顾客为中心，就没有理由不关注消费者市场，即居民消费。同时，居民消费作为市场营销的微观环境之一，是影响企业经营活动的重要因素，在市场经济中发挥着重要作用。经济环境总是在变化，居民消费已经被越来越多的企业所关注，其影响也越来越大。所以，研究居民消费结构和消费趋势的变化，以及当前居民的消费特点和规律，从而为市场营销机会分析提供了一种重要而有效的方法。调查消费结构是衡量居民生活水平和生活质量的重要手段，它可以从侧面反映一国宏观经济发展的基本情况，是联合国划分一国经济发展阶段的重要手段之一。近年来，以改善住房和交通条件为代表的中国新一轮消费结构升级已经开始，由升级带动的高增长企业已成为产业升级和经济增长的重要动力。某种程度上说，经济增长的动力与居民消费结构的升级密切相关。它拓宽了企业发展的空间，扩大了市场化投资空间，支持经济新一轮较快增长，促进长期经济增长由目前的投资拉动型向消费拉动型转变。对企业而言，居民消费结构分析非常重要，这对企业营销管理非常重要，挖掘是市场营销的永恒主题。消费结构是指不同商品或服务的消费支出占总消费支出的比例，包括食物消费、服装消费、交通通信消费、医疗消费、家用设备用品和服务消费、娱乐和教育消费以及其他消费。随着中国一般商品和资源的市场化，国民经济持续快速发展，中国城乡居民消费水平显著提高，居民支出显著增加。

（二）我国居民消费结构演变规律

从近年来八大类消费变化来看，食品和衣着等生活必需品消费占比呈现明显的下降趋势，而交通、教育和医疗等需求明显上升，消费结构逐渐从基本生活需求向更高层次需求转变，消费结构升级已经成为我国居民消费的显著特征。

1.消费品内部结构升级

具体来看，我国消费升级体现在消费品之间结构和消费品内部结构两个方面。

第一，从消费品之间结构来看，消费从生存型消费向发展型和享受型消费转变，即食品、衣着类消费等满足基本生存需求的消费品需求占比趋于下降，而满足居民发展、享受和自我实现等个性化、多样化的需求的消费品需求占比上升。如对旅游和影视等服务业、奢侈品行业、家用电器和通信器材行业需求快速上升，其突出的特征是服务消费占比的提升。2018年，主要消费领域为旅游、子女教育、休闲娱乐、学习提升。在物质消费升级之后，精神消费升级成为新的趋势，其主要体现在消费主体品牌意识的增强，对商品品质要求的提升。在国内市场无法满足迅速提升的消费者需求的情况下，从2005年开始出现海外代购潮，消费者认为买贵的、大牌的就是好的。随着消费者逐渐回归理性，物质上的消费升级逐渐向精神消费升级转变，主要表现是为体验和服务付费。以旅游业为例，2018年中国国内旅游达55.39亿人次，全年实现旅游总收入为5.97万亿元，分别较上年增长10.8%和10.5%。2015—2018年出游人次保持超过10%的年均增长率，2018年旅游收入规模较2013年增长102%。

第二，在消费品内部结构上，消费表现为消费品质的提升，主要体现为消费者更加注重产品品质，品牌意识增强，进口商品的消费规模快速增长。以生鲜食品消费为例，数据显示，水果和奶制品消费在整体消费中的占比较大，反映居民食品消费也在从生存型消费（如粮油副食、肉禽蛋等）向更加注重营养和健康的品质消费转变。同时，由于改革开放政策的支持以及贸易便利化措施的不断完善，中国进口食品消费规模高速增长，2018年超过700亿美元。主要原因是部分消费者认为进口食品安全质优，并且得益于冷链物流的快速发展，供应链从源头到流通全方位服务，以进口生鲜为代表的食品消费快速增长。进口食品消费大幅增长反映了居民消费在品质上的提升，在同样的供给下，消费者更愿意为优质商品付费，也反映了消费者在偏好上逐渐从注重价格向注重品质和质量转变。

2.居民消费拉动经济作用进一步增强

总体上看，我国的居民消费水平长期偏低。自国际金融危机爆发以来，随着投资和出口的相继走弱，消费在经济增长中的贡献率日渐加大。根据国家统计局的数据，2009—2017年，最终消费的平均贡献率上升近15个百分点，达到55.2%。未来，随着中国人均收入的进一步提高，以及经济增长模式日益由投资驱动向消费拉动转变，私人部门消费占比预计将有明显提升，消费对经济增长的拉动作用将进一步增强。从结构上看，随着经济的快速发展和城乡居民收入的不断增加，我国居民消费结构也在不断发生变化。以2013—2018年的数据来看，城乡居民消费结构中占比下降最为明显的是食品烟酒和衣着类消费：

全国居民人均食品烟酒消费占比从 2013 年的 31% 降至 2018 年的 28%，其中城市、农村居民的相应支出占比分别从 30% 和 34% 下降至 28% 和 30%。与之相对应，居民消费中居住、交通通信、文化教育娱乐和医疗保健等享受类消费支出占比不断上升。

（1）人口结构变化影响深远，老龄化趋势影响供给、需求两侧。对我国未来人口结构的估计，对于判断下一步消费变动的趋势至关重要。未来 40 年，我国城镇居民的年龄结构将明显趋于老龄化。尽管"二孩政策"的实施会在一定程度上影响到人口结构的预测结果，但从目前情况来看，老龄化的大趋势难以扭转。考虑到不同年龄段人群在消费品类选择上具有差异性，随着中国人口结构日趋老龄化，居民消费结构必然随之变化。基于此，我们使用中国家庭追踪调查 2010 年、2012 年和 2014 年的数据，刻画了居民消费结构随个体年龄的变动趋势。在这个调查数据中，消费支出以家庭为单位统计，不仅报告了家庭总消费支出，还报告了其在食品、衣着、居住、家庭设备、日用品、医疗保健、交通通信、文教娱乐等八大类产品中的分项消费支出。八大类消费中，食品依旧是居民家庭消费中的最大开支项，占比超过 1/3。如果将八大类消费分别归入服务业和制造业，那么由上述结果还可进一步推导出产业结构的变化。归类时，我们分别尝试了将食品支出"归入制造业""归入服务业"或者"剔除"，结果显示各种分类下服务业与工业的相对支出比例均会在 25 岁前迅速上升，之后仍缓慢上升，峰值出现在 45 岁左右。其后，服务业与工业相对支出比随年龄的增长而缓慢下降。

除了消费品类需求的差异外，供给面也会随年龄结构变化而改变。我们利用中国家庭追踪调查成人问卷数据库，考察就业人口的行业分布与选择情况。结果显示，随着年龄增长，服务业与工业就业人数比大致呈"U"形变化：在 45 岁以前，服务业与工业就业人数比维持在较低水平，且随年龄增长略下降；45 岁以后，服务业与工业就业人数比迅速上升。这说明青年劳动力相对较多地分布于工业部门，而非青年劳动力相对较多地分布于服务业部门。由此可见，微观人口年龄结构变化将从供给、需求两方面对宏观消费需求、产业结构产生很大影响。

（2）消费方式变革影响显著，中小城市贡献率不断提升。在人口结构变动与居民消费关系分析的基础上，我们进一步关注了电商兴起与发展对居民消费结构的影响。首先，在总体层面上，从相关统计资料可以明显地看出，中国居民网络购物和消费的增长速度十分惊人。从 2010 年到 2018 年，网购总额度大幅攀升，从 5 000 亿元增长到了 90 000 亿元，平均年增长率为 38.5%；同时，网络购物占社会消费品零售总额的比例也从 3.3% 提升到了 23.6%。这充分说明，居民的消费模式正发生着深刻变化，网络购物正在重构居民的消费方式。尤其是对于大型商场和商家等较为缺乏、消费品类较为单一的小城市和边远地区，居民可以通过各类电商平台来满足消费的多元化需求。

相关研究报告显示，从 2011 年到 2012 年，一、二线城市居民在网络购物中的支出比例大概占其可支配收入的 17%—18%；与之相较，三、四线城市及更为偏远地区居民的网络购物支出比例更高，占其可支配收入的比例约为 21%—27%。当然，支出结构的变化和差异有以下可能的原因：相比于一、二线城市居民，三、四线及更为偏远地区居民的收入更低，消费支出占其收入的比例可能更高。

但同时，与大城市及发达地区相比，欠发达地区的居民由于在线下可供选择的消费品类较少，从而可能更多通过网络购物来满足消费需求，进而显现出不同发展地区居民网购支出比例的差异。那么除了居民收入水平的差异，电商发展及网络购物的普及是否有助于缩小消费的空间差异呢？对此，我们同样通过居民在电商平台消费状况的变动，分析不同线级城市居民网购的贡献率及差异。将全国 361 个城市按线级划分后，结果显示，一、二、三线城市居民的总体贡献率呈现下降趋势，四线城市居民的总体贡献率稳中有升，而五、六线城市居民的贡献率不断提升。

（三）数字经济下居民消费特征分析

以数字技术为核心生产力的数字经济已渗透到人类社会的各个领域，成为继农业经济和工业经济之后的新经济形态，引起了全球经济环境和经济模式的根本变化。在我国，数字经济已成为落实重大战略布局的关键力量。中国信息通信研究院的数据显示，2017 年我国数字经济规模达 27.2 万亿元，体量居世界第二；其年均复合增速达到 38%，远超我国同期 GDP 增速；数字经济占全国 GDP 总量的比重已接近或超过一些西方发达国家。而作为经济发展根本性动力之一的居民消费，也深刻地受到互联网、大数据、人工智能等技术与实体经济深度融合的数字经济的影响。

"十三五"以来是我国居民消费规模增大、支出结构优化调整的时期，消费升级成为我国经济稳步增长的重要驱动力。尤其是 2019 年以来，消费在国民经济中的地位和作用日显重要。据统计，2019 年上半年消费对国民经济的拉动作用超过 60%，国家先后出台了一系列促进消费的政策措施，以加快破除制约居民消费的体制障碍，促进居民消费提质升级。2019 年 8 月，国务院办公厅印发的《关于加快发展流通促进商业消费的意见》指出，党中央、国务院高度重视发展流通扩大消费。为推动流通创新发展，优化消费环境，促进商业繁荣，激发国内消费潜力，更好地满足人民群众的消费需求，促进国民经济持续健康发展，该意见中提出稳定消费、提振消费信心的政策措施 20 条，不断增加消费热点，顺应商业改革和消费升级趋势，利用大数据、云计算、移动互联网等信息技术，促进商旅文体等跨界融合，形成更多的流通新平台、新业态、新模式。不断培育定制消费、智能消费、信息消费、时尚消费等新模式，鼓励"互联网+资源循环"，促进循环消费。总而言之，数字经济正在改变着居民消费习惯、消费行为和消费结构。

众多学者围绕数字经济时代的消费变革与发展等相关问题展开了理论研究，包括以下几个方面：

第一，关于数字经济条件的消费行为及特征的研究。林挺和张诗朦（2017）归纳了"互联网+"引致居民品质化消费、内容型消费、价格价值匹配型消费、智能消费及精准消费的特点，并构建了消费行为偏好博弈模型；张亮亮（2017）认为互联网平台消除了消费信息不对称问题，加速了居民消费升级；左鹏飞（2017）分析了互联网背景下居民消费特征，并指出消费心理需求转变、消费动机转变和消费心态转变等是驱动居民消费行为特征的内因；张于喆（2018）比较分析了成都市居民O2O和C2C等网络消费行为特征，发现C2C消费相对于O2O消费更倾向于地理空间和成本节约，且C2C消费还会产生群落效应。

第二，关于数字经济条件下居民消费结构和经济结构变革的研究。赵巧芝、闫庆友（2017）基于互联网和农村居民消费支出面板数据，实证检验了互联网三项指标影响分类消费的机理，认为居民收入差距、消费不均衡造成互联网影响消费结构的差异性；惠宁、周晓唯（2016）则提出互联网通过影响商贸流通、产品营销和就业水平等影响居民消费结构；杜华东、赵尚梅（2013）认为，"互联网+"可以推动消费升级。

第三，关于数字经济条件下居民消费水平和消费能力的研究。孙叶飞、夏青、周敏（2016）应用倾向性得分匹配法，实证检验了居民使用互联网对于其消费水平和消费能力的处理效应，认为互联网使用显著提升了40岁以下年轻人群的消费水平，但仅提高了老年人生存类消费水平。

第四，关于数字经济与生产消费及服务的基本关系与理论的研究。赵西三（2017）认为，大数据、云计算、人工智能等科技的发展在一定程度上消除了经济系统内信息的不完全性，使生产和服务的供求信息更加精确化；张丹宁、唐晓华（2008）指出数字经济出现"三二一"产业逆向渗透趋势，消费领域、流通领域数字经济引领发展，但工业领域、农业领域数字化发展不够充分。

综上所述，以大数据、互联网+、人工智能和云计算等新技术及产业发展为特征的数字经济新业态正引起居民消费行为、消费习惯、消费结构和消费水平的变革。但是，这种变革之后的居民消费会呈现何种运作特征、运作机理与实现路径，这些问题尚需深入研究。

（四）数字经济下居民消费变革的发展态势

深入考察数字经济下居民消费变革的内在特征与运作机理，有必要先了解居民消费呈现出来的基本变革势态，把握研究对象的基本情况与事实。结合相关数据的考察，本研究总结了中国居民消费呈现六大发展态势：

1.我国电子商务市场规模持续增长

中国数字经济起源于电子商务。过去十年，是中国数字经济迅速、全面、深度渗透于居民消费生活的十年。尤其是"互联网+"战略提出之后，网络交易渠道日益成熟，数字经济不仅改变了人们从社交到娱乐的生活习惯，也改变了人们从购物到饮食的消费习惯。伴随着移动互联技术的发展和智能手机的普及，更是极大地拓宽了消费场景，带来更为便捷的消费体验。2019年中商产业研究院统计数据显示，2018年中国电子商务交易额达到37.05万亿元，同比增长27.07%。

2.数字经济驱动居民消费增长势头强劲

国家统计局数据显示，2018年线上销售对全国社会消费品零售总额的贡献率达到18.4%，而2008年这一数字仅为1%。2006年前，不仅互联网普及率低下，并且社会消费品零售总额（即居民消费规模）增长也较为缓慢；而随着互联网普及率的增加，居民消费规模在不断扩大，但其上升趋势比互联网普及率低，主要还是因为互联网只是一种促进消费的方式和环境，作为消费的主要来源的人均可支配收入以及社会保障支出等才是决定消费增长的关键因素。从内源上看，数字经济向社会经济各领域深度渗透大大扩大了居民就业规模和就业质量，并由此带来居民收入结构调整；数字经济新业态及居民收入结构调整，又进一步引致消费行为、消费观念、消费环境的不断变化与发展。

3. 数字经济基础产业与居民消费协同发展

2000—2017年，我国信息通信产业增加值年均增长率超过15%；与此同时，居民消费年均增长率为11.5%，略滞后于信息通信产业年均增长率。同时，信息通信产业增加值与居民最终消费增长率呈现出明显的同步变化趋势，尤其是2010—2017年这8年，两者具有大致相同的增长趋势，说明数字经济与居民消费支出存在相关性。数字经济及产业业态驱动了居民消费的持续增长。

4. 数字消费逐步占领居民消费的新高点

在数字经济发展的初期，电器、电子类产品以其标准化优势迅速成为数字消费的主要领域。随着网络消费渠道的逐渐成熟，网络消费并不局限于日常用品，一些高价值耐用消费，如汽车等也开始逐步在网上销售。此外，奢侈品网上零售由于价格下降以及普及程度的提升引起消费者关注。服务领域成为网络消费新热点。数字消费者年轻化和知识化特点使其表现出对文化产品消费的强烈需求，社交、视频等网络文化产品依然保持平稳增长的态势。近年来随着数字经济进程的推进，传统领域与数字经济的结合开始加速发展。可以说，数字经济的发展带动了各种消费方式和消费类型的涌现，也促使居民消费的更加多元化。

5."90后"展现出巨大的网络消费潜力

数字经济时代，"90后"年轻消费者展现出巨大的消费潜力。第六次全国人口普查数据显示，"90后"占全国总人口的14.1%，但在互联网人群中却高达28%，其消费影响力远远超过了其在人口中的比重。虽然目前"80后"仍然是互联网消费的中坚力量，但"90后"的潜力更加巨大。2016年以来，"70后""80后"的线上消费占比持续下降，而"90后"的线上消费能力强劲并且呈现出持续增加的状态。

6.数字经济推动我国跨境电商快速发展

在数字经济带动以及国家政策的扶持之下，我国跨境电商呈现出繁荣发展的局面。电子商务研究中心监测数据显示，2013年以来，中国跨境电商交易规模持续上升，2018年达到9万亿元，同比增长25%。不管是出口还是进口跨境电商都面临巨大的机遇。进口市场近年来在国内消费升级的背景下，巨大的市场需求促使跨境电商得到快速发展；出口方面，随着国外网购用户的增加，巨大的市场驱动力推动跨境电商快速发展。

除此之外，调查还发现我国跨境网购用户的性别分布呈现出鲜明的特点，男性约占14.7%，而女性占比高达85.3%。这充分说明，相对于男性来说，女性更加倾向于跨境购物。电子商务研究中心调查显示，在跨境消费的产品选择上，男性更加倾向数码、运动、保健类产品，更加注重商品的性价比和性能；而女性更加偏向服装、化妆品等，更加注重商品品质和购物体验。随着数字经济的进一步推进，跨境电商将迎来更加有利的发展局面。

总之，在数字经济的推动下，我国的居民消费在市场规模、消费总量、产业与消费协同、新生力量的发展与跨境电子商务等方面都呈现出强劲的发展势头。这些繁盛的经济势态昭示出它内在的发展特征。

（五）数字经济下居民消费变革的总体特征

受数字经济与数字技术的驱动，居民消费在现象上表现出强劲的态势，要考察数字经济对居民消费的影响，有必要首先考察这种影响之下的居民消费呈现何种特征。数字经济新业态不仅改变了传统生产服务模式下的消费情景与模式，缩小了城乡消费差距，带动了消费环境层次升级，而且派生了居民消费习惯、消费行为和消费结构的新特征。

1.消费环境特征及变迁

（1）数字经济逐步促进城乡居民消费差距缩小。受互联网、大数据及人工智能技术为代表的数字经济新业态驱使，城乡居民消费差距进一步缩小，农村居民消费潜力得以深度挖掘，消费需求多元化趋势明显，消费结构持续优化。阿里巴巴集团《2018年中国数字经济发展报告》显示，数字经济快速发展的背景下，2018年不同层级城市的消费增速打破"次元壁"，三、四线城市的数字化消费迅速增长，更高品质的产品、更优的服务在数字化赋能下实现了无差别触达。更值得关注的是，农村的数字消费增速全面超越了一线城市、新一线城市和二线城市的增长速度。这是数字技术普惠性的有力证明。

（2）数字经济时代网络消费的营商环境与体系不断完善。平台体系。电子商务平台的不断增加，可以丰富消费者的消费选择；无论是手机、家电等家庭日用品，还是汽车等大型商品，平台的种类都相对比较丰富，可以满足消费者的需求。

金融支持。伴随着数字经济的快速发展，金融机构的交易成本降低，推动了金融发展。此外，互联网金融的出现为数字经济提供了便捷的支付方式，金融信贷约束的放松给数字经济企业带来了重要的资金支持。

政策环境。数字经济作为一种新的经济模式，政府发挥了重要作用。近年来，一系列相关政策的出台、基础设施以及相关法律法规的逐步完善，为数字经济的发展提供了良好的政策环境。

税收弹性。我国电子商务的税收政策和税收管辖权问题还没有形成良好的解决方案，电子商务发展的税收环境相对宽松，从一定角度上说也有利于电子商务的发展。

物流配套。电子商务的物流形态主要分为两种模式：自营模式和第三方配送模式。但是，无论哪种模式，随着我国基础设施的完善以及交通工具、交通方式的改进，都促进了物流系统的完善，功能的多样化提高了物流的配送效率，使得网上购物变得相对便捷。

2.消费者个体特征及表现

（1）网络消费趋于个性化与特色化。数字经济下的网络消费与传统实体经济的消费方式相比，数字经济下的消费更具有自由性及个性化、特色化、多元化的特征。在数字经济的背景下，由于互联网科技的推动，消费的个体化、个性化及多元化已经成为居民消费重要的不可替代的方式。城乡消费者可以对网络产品进行个性化、特色化、多元化定制，使得居民的个性及愿望能够得到实现、尊重和发展。生产体系可以满足城乡消费者的特色化、多元化的个性需求，消费者特别是年轻消费者更喜欢个性化的消费，因此消费的个性化、特色化、多元化的特征，不仅能够达成城乡消费者的个性的自我实现，也可以为数字经济的发展开发出更多的消费市场与群体。

（2）数字经济凸显城乡消费者的主导性。首先，数字经济凸显了消费者在产品价值链中的主导地位，互联网、大数据等数字技术使得消费者获取并接受新产品新服务信息的能力大大增强，产品及服务线上筛选和线下体验主导了其消费行为偏好。其次，数字经济及其技术成果拓宽了居民消费的途径，破解了居民消费的流动性约束，尤其是农村电商、移动网购等平台交易在丰富农村居民消费内容的同时，催生了消费的提质增效。

（3）网络消费的边际成本递减效应明显。由于经济转型及科技革命的冲击，我国许多传统生产服务性行业都出现了边际收益逐渐下降的现象，数字经济背景下消费的边际收益并不会发生边际收益递减的现象，某些领域与产业还可能会出现边际收益递增。由于信息在网络上的共享性，网络消费产品可以复制，引发市场交易量的增加，不会引起边际成本增高。

（4）居民消费结构优化调整，消费品质迭代升级。数字经济时代的生产方式及科技革命为城乡消费者提供了丰富的信息产品资源和各种类型实体经济产品，提升了消费的便利性，推动了城乡消费者向获取自我实现、自身自由、自我愉悦的消费体验转变，满足了个人全面发展的需要。居民的网络消费模式正在从生存型模式向发展型模式以及自我实现模式、享受型模式转变，说明数字经济时代我国居民的消费品质正在发生着迭代升级的新变化。

（5）数字经济条件下居民消费行为的不确定性增加。相对于传统的线下消费，数字经济激发了居民不确定性与风险性消费，在消费行为上表现为消费对象选择的不确定性增加。由于网络环境的信息过载和信息冗余，对产品信息过度敏感的消费者又极易陷入选择困境，其消费行为的产生很大程度上取决于筛选信息的能力。

总之，在以数字技术为核心的数字经济驱动下，居民消费形成了城乡居民消费差距缩小、网络消费营商环境与体系不断完善、网络消费趋于个性化且边际成本递减效应明显、消费结构优化调整加快、消费品质迭代升级加快、消费行为不确定性增加等新特征。

（六）数字经济下居民消费变革的内在机理

马克思坚持唯物主义历史观，运用唯物辩证法，批判继承了西方古典政治经济学的消费理论，科学阐释了消费、生产、分配、交换等领域的对立统一关系与系统整体性，高度概括了消费的本质，彰显了其研究视野的宏观性优势。马克思在《〈政治经济学批判〉序言、导言》中，深刻地论述了消费之于生产的不可或缺性，认为消费创造了生产的主体对象，体现了生产的价值。数字经济深刻地改变了现代经济的生产和消费的具体形式，促进了居民消费习惯和行为的变迁，催生了居民消费与新的生产之间的机理关系。数字经济对居民消费的影响验证了马克思生产与消费同一性理论的科学性与时代价值。

1.生产决定消费仍是数字经济时代的基本逻辑

在数字经济发展的过程中，用数字技术改造生产、销售流程，降低成本，聚焦品质，同时降低中小企业应用新技术的门槛，将成为中国制造的新希望。同时，发展数字经济有利于扩大消费市场，提高消费质量和水平；有利于引发新的消费热点，带动相关产业发展，创造新的就业机会，为生产和消费创造动力，拉动经济增长。以数据和信息作为核心要素的生产智能化、数字化，不仅带来源源不断的新型商品，而且这些新型商品还包含了劳动价值的增值和社会关系的延拓。例如，以智能产品为代表的新型商品凝聚了人的智慧，提高了社会劳动的整体价值，而正是由于生产力的提高，才使得消费者有充分的机会享受社会发展成果。

2.新的居民消费仍会反作用于生产过程

数字经济作为新业态，以科技创新为支撑，发展数字经济有利于推动实施创新驱动发展战略，加快实现产业的转型升级。在产业升级的过程中，需要用数字经济来给企业赋能，一些新技术的发展也为数字经济服务企业提供了技术动力。在数字经济时代背景下，互联网、电商平台等消费方式的多元化引发消费者需求的多元化，消费者对于个性化定制的追逐挑战了传统的标准化生产和大批量生产模式，消费者需求将被收集反馈成为研发决策的依据，从而满足日益个性化与多元化的消费需求，客观上催生了消费者全过程参与新生产方式。在深度参与模式下，生产者更容易获取居民消费信息并将其投入生产要素的组织过程，促进生产方式和数字要素的再整合，提高生产力。

3.数字技术推动生产方式的重构与深度融合

马克思指出，物质的生产方式制约着人类社会生活的整个过程，包括社会生活、政治生活和精神生活三个层面。所以，厘清数字经济所引发的社会生产方式的变革，是分析居民消费变迁的前提。在数字经济驱动下，现代社会生产方式正在发生深刻的变革。首先，数字技术与生产流程深度融合。大数据、工业互联网等正深度融入设计、配料、生产等环节，有效克服了供给侧和需求侧的信息不对称问题，破解了生产的信息约束。数字技术将生产数据信息融入产业互联网、消费互联网等平台中，丰富消费内容的同时催生了生产提质增效。其次，数据整合与要素重组优化促进价值共创。借助工业数据、工业互联网等数字经济新业态，将工厂、车间乃至生产线所涉及的人、财、物等资源进行重新组合与分配，提高了传统制造的质量和效益，实现多主体、多层级的价值共创。最后，数字技术应用推动生产模式变革与产品升级。历经数字技术应用及生产要素的重组后，产品更新换代周期缩短的同时，更为重要的是生产模式变革所带来的新型产品涌现和质量的提升。

4.数字经济促进生产方式与居民消费之间的循环升级

在数字经济时代，互联网、大数据和人工智能等数字经济模式已深度嵌入生产与消费各环节及中间过程，并带来多种生产要素的重新组合和分配，提高了产品生产力并衍生出新型产品。由于人的获取高层次需要的本性，新型产品的衍生又循环创造了大量的新需求，基于使用价值和符号价值的商品消费普及培育了人的消费力并使之形成新的消费习惯。消费意识和习惯形成是引发消费行为的内因，尤其是在消费力得以满足之后，消费行为将自然并循环产生，居民延续性消费行为推动了消费结构由低层级向高层级的转变。马克思基于人的发展规律，提出人的发展与消费结合可促进消费升级，暗含了消费习惯和消费行为变革将直接引发消费结构变迁与升级。

5.数字经济改变居民消费行为与消费决策

从外部看，居民消费行为、习惯与消费决策受外部环境影响，即居民消费的示范效应；从内部看，当期消费行为、习惯与消费决策依赖于历史消费水平和消费习惯，即居民消费棘轮效应。数字经济下的城市、乡村居民消费均表现出更为明显的示范效应，稳固性消费习惯受到挑战，居民消费观念和消费倾向易受周边关系网络的影响，互联网技术及大数据技术的进步提高了信息级联传递的便捷性，更强化了居民消费的示范效应。跨期消费和超前消费正催生网络消费的新理念，居民新的消费行为、习惯正在养成，消费决策更加理性，消费习惯形成的周期明显缩短，居民网络消费的心理预防动机增加。随着数字经济的发展，可支配收入增加，发达地区居民高消费甚至奢侈性消费行为与习惯正在养成。

四、数字经济下居民消费变革路径

随着物质产品的不断丰富，不可避免地出现了消费的分散化及碎片化，集中体现在品牌碎片化和时间碎片化两方面。品牌分散化、碎片化打破了少数品牌把控市场的局面。以往，消费者在实际消费中倾向于购买知名品牌或期望品牌；如今，品牌效应正逐渐减弱，消费者更加重视消费的实际功效。同时，微博、微信、抖音等新媒介迎合了消费日益分散化、碎片化的特征，实现了线上、线下无缝衔接的消费路径，有效地促进了传统消费质量的升级。新一代信息通信和数据分析技术还通过挖掘消费者碎片化信息，促进了数字经济与新零售的融合，新零售成为数字经济衍生新业态的有效路径。

（一）重塑居民消费信息传递模式及实现路径

数字经济以技术的力量重塑了居民消费过程中消费信息的传递模式，个性消费、定制消费成为居民消费增量提质增效的有效路径。平台消费以传统电商平台或平台企业为载体，衍生了大量消费信息和数据，应用数据抓取、挖掘和分析技术，平台可更精准、更快捷地提供满足消费者使用价值的产品。移动互联网、信息通信技术的迭代创新又将传统的平台消费引入关系消费的新形态，借助通信工具如微信、QQ、微博等自媒体，厂家与消费者之间进行充分的信息交互，甚至建立有别于一般意义上的客户关系，消费模式更趋近定制化。而场景消费则是基于可视化通信工具，如抖音、快手等。场景消费伴随新零售，阿里巴巴将新零售定义为"以消费者体验为中心，数据驱动的泛零售形态"。其中，消费体验的场景化作为新零售的重要特征凸显了数字经济业态下居民消费的升级。数字经济的技术模式可以准确认识产品消费者的行为特征，满足城乡消费者的个性化需求，提升网络产品的情感价值、精神享受。数字经济依赖于海量的数据资源，大大降低了传统产品消费的信息不对称性，促进产品质量的持续改进。在生存型消费方面，人们打破时间、空间限制，通过网络平台更全面、更真实地介入消费体验，这种用户直接参与产品生产的方式极大地保证了实物消费品质。在享受型消费方面，以虚拟产品消费为例，数字经济时代应用图像识别、数据计算和分析技术，商家可以更准确地辨识产品消费者的行为特征，增加消费者个性化的精神享受需求，提升虚拟产品的情感价值。

（二）重塑居民消费的心理情景模式及实现路径

数字经济以技术的力量重塑数字经济时代居民消费的心理情景模式，促进传统消费向便利化和心理与智能的场景化模式转变。与此同时，产生的平台依赖和深度体验逐步改变了居民消费行为和消费实现路径。主要表现在：从行为驱动因素上看，社会阶层和收入水平作为消费传统驱动要素，在互联网、新型电商等平台背景下引致居民消费行为的强度在减弱。"智能消费"模式正成为新时代城镇居民消费的增长点，以智能娱乐、智能居家乃至智能养老为代表的数字产品或服务正改变着城镇居民传统消费观念；依托互联网和农村电商平台模式，不但提高了农村居民对服装、日用品和食品的消费量，还解决了消费中信息不对称所引发的盲目消费问题，增强了理性消费。

（三）挖掘居民消费的需求动能模式及实现路径

数字经济以技术的力量重塑数字经济时代居民消费的需求动能模式，拓宽了消费的新领域和新渠道，更新了居民消费结构优化的新路径。一方面，依托于大数据、云计算与深度学习等技术变革，供给端可针对不同类型产品的使用价值展开需求分析，引导城乡消费者进行更合理、更具价值的产品消费；另一方面，由于物联网和通信技术向生产领域的快速渗透，消费者可以随时随地对接各种潜在的商品，并建立供给侧和需求侧畅通沟通的机制，避免供需失衡，激发居民消费新动能。数字经济模式通过促进商品使用价值的充分挖掘，激发居民消费的新动能，实现了消费结构优化。通过数字经济模式创新与数字技术应用，可以促使城乡居民在文娱、教育及投资领域的大额消费比重增加。受互联网普及程度提升及互联网投资驱动，居民消费结构变迁与变革明显，数字经济模式已经深刻地影响了居民对于基本生活物

品消费、文娱消费乃至教育消费的支出结构。通过数字经济模式创新
与数字技术应用，特别是消费大数据带来的流通环节减少和空间障碍
突破，可以合理引导居民消费结构变革，驱动三大类消费（即生存型
消费、享受型消费和发展型消费）的梯次升级与优化。

1.推进数字经济时代供给侧改革创新和产品质量提升的协调统一

抓住居民消费变化的基本特征，从供给侧改革入手，基于数字经
济技术与模式，通过淘汰落后产能调整增量和改革存量，实现产业结
构优化，满足消费需求，发挥消费对经济发展的基础性作用。同时，
通过供给侧改革强化商品质量建设，充分运用数字技术打造商品质量
安全保障体系，使消费品和服务消费的供给更好地满足消费者的个性
化与多样化需要。

2.提高数字技术应用水平,深化融合发展,逐步消弭数字鸿沟,注重
普惠共享

基于数字化经济模式，重塑数字经济时代新消费场景，引导居民
消费习惯和消费行为变迁，促进数字经济时代居民消费模式变革，引
导消费结构升级。

3.切实推进新型城镇化,缩小城乡差异,促进消费公平

半城镇化现象严重制约着居民消费潜力的发挥。为释放居民消费
潜力，应改善农村地区数字消费环境，尤其是农村电商运行环境；加
快农村电商的立法和管理机制建设，加快消费互联网平台建设，克服
居民消费中的流动性约束，降低物流成本和交易成本，为促进居民消
费结构升级打下基础。新型城镇化能够有效推动农村居民消费升级，
拉动城乡消费联动发展，进一步挖掘居民消费潜力。

4.强化生产与消费均衡,引导居民适度、理性、科学地网络消费

一方面，社会层面要倡导勤俭节约文化、艰苦朴素文化，预防网络消费异化，促进网络异化消费合理回归，提倡理性消费，推动网络消费与社会生产可持续健康发展，倡导和培育遵循人、自然、社会和谐发展；另一方面，更要反对过度负债消费、炫耀性和奢侈性消费，达到需求与供给、生产与消费的相互促进与平衡。

第二节　产业结构与消费结构循环升级路径

一、数字经济下产业结构发展路径

本研究以数字经济产业推动产业结构优化升级为主线，重点分析数字经济产业对产业结构升级的影响路径、数字经济产业和产业结构发展现状，以及数字经济产业发展对产业结构优化升级影响的实证关系。主要研究成果如下：

（一）从传统产业改造、新产业形成和需求端重塑分析数字经济产业对产业结构的影响路径

（1）数字经济产业通过改变传统产业生产方式、推动企业内部流程再造、改变产业组织方式三种方式，促进传统产业改造，实现产业结构优化升级。

（2）数字经济产业发展带动数字技术创新和变革，加快产业分化和重组，提高各产业间融合的进程，不断形成新产品、新服务、新业态、新模式，重构产业生态，促进产业结构优化升级。

（3）数字经济产业发展改变消费者传统的消费习惯、消费方式，重塑需求端，需求趋向变化驱动产业结构改变。

（二）我国数字经济产业和产业结构发展现状分析

（1）我国数字经济产业规模不断扩大，数字技术加速进步，数字经济给社会带来巨大变革。但从产业网络层面看，我国数字经济产业

在产业网络中的地位变化还不够大，一直处于中等位置，对产业网络的作用还不是非常明显，在产业网络中起主导作用的仍然是传统产业。

（2）我国资源供给呈现部门集中化趋势，即由少数部门提供了大部分的资源，这些部门分别是：金融保险业，交通运输、仓储和邮政，化学工业，批发和零售贸易业，其具有较高的资源转化率，对经济发展极为重要。

（3）数字经济产业与高技术产业和生活性服务业关联性较高，而与第一产业和第二产业中的重工业等传统产业融合度较低。

（4）我国产业结构不断优化，但仍存在一些问题：三次产业结构不合理；三次产业内部结构层级低；产业间关联性不足，融合程度低。

（三）数字经济产业与产业结构优化升级关系的实证研究

首先，构建数字经济产业发展水平衡量指标体系，对数字经济产业发展水平进行衡量。研究发现，我国数字经济产业发展有明显的地域差异，东部发展水平高、西部发展水平低。分省（区、市）看，广东、北京、江苏、浙江、上海数字经济产业发展水平较高，领先于全国平均水平，其中广东省数字经济发展水平表现最为突出，连续5年排名全国第一。西部地区中甘肃、宁夏、新疆等数字经济发展水平排名靠后，与第一梯队省份发展差距较大。

其次，从产业结构高级化和合理化两方面对我国产业结构优化升级程度进行测量和分析，发现我国产业结构高级化和合理化水平不断提高，但区域差距明显。

最后，从产业结构高级化、合理化两个角度，对我国数字经济产业发展和产业结构之间的关系进行实证研究。面板模型结果表明，数字经济产业对产业结构高级化、合理化都具有显著的促进作用，能够促进产业结构优化升级。同时，金融化水平和消费需求对产业结构高级化、合理化也产生正向冲击。而外商投资对产业结构高级化有正向影响，对产业结构合理化有抑制作用。放眼世界，数字经济产业正引发新的科技变革和产业变革，对产业效率的提升以及新兴产业的拓展起到重要作用。因此，要抓住数字经济产业发展机遇，推动我国产业结构优化升级。

二、数字经济下消费结构升级路径

（一）消费领跑，中国经济结构变革的重要标志

投资、消费和出口是拉动中国经济增长的三股驱动力。长期以来，我国经济增长主要依靠投资拉动，投资和消费关系失调，导致传统产业产能过剩。过去几年我国经济领域出现了深刻变化，那种依靠投资拉动经济的模式在改变，正转向以消费拉动经济增长为主。2012 年，我国社会消费品零售总额达 21 万亿元；2017 年，社会消费品零售总额达 36.6 万亿元。总体规模不断扩大，这 5 年增长速度持续保持在两位数。2017 年，最终消费对中国经济增长的贡献率为 58.8%，连续 4 年成为拉动经济增长的第一驱动力，消费发挥着拉动经济增长的基础性作用。党的十八大以来，消费对经济增长的贡献率稳步提升，充分发挥了"稳定器"和"压舱石"作用。新动能迸发新活力，在稳定增长的同时，零售业态转型升级态势更加明显。新兴业态保持快速增长，传统实体零售业的创新转型成效突出，呈现线上线下融合发展的趋势。中国消费市场的快速发展不仅为中国经济增长带来巨大拉动力，同时正在成为全球经济发展的新动力。"中国消费习惯将促进企业创新，引领全球消费新潮流。"麦肯锡研究所相关分析师表示，中国的消费者生活在数字化时代，他们与商家直接互动，引导商家不断推陈出新，促进社会创新发展。

（二）幸福产业，见证中国消费和经济升级的进程

数据显示，从 2011 年到 2016 年，我国城镇居民旅游消费从 1.48 万亿元增长到 3.22 万亿元，2017 年全年我国国内和入境旅游人数超过 51 亿人次，旅游总收入超过 5.3 万亿元，旅游经济继续保持快速增长。与旅游数据不断上升相对应的是，我国居民的恩格尔系数不断下降，2013 年到 2017 年的恩格尔系数分别为 31.2%、31.0%、30.6%、30.1%、29.3%，走出了一条向下的曲线。恩格尔系数是食品支出总额占个人消费支出总额的比重，系数越低，代表居民生活水平越高。按照联合国粮农组织发布的标准，恩格尔系数在 20%—30% 为富裕。2017 年，我国居民的恩格尔系数为 29.3%，意味着居民消费的结构升级改善，消费升级步伐正在加快；人们已有较多"闲钱"投向旅游、保健与文化娱乐，消费向多元化发展。这几年，中国经济稳中有进，经济增长保持中高速，老百姓就业稳、收入升，民生改善的成效显著，消费从食品转向升级品和服务业，又进一步促进了中国第三产业的结构调整转型，服务业跃升为国民经济第一大产业。中国社会科学院发布的《社会蓝皮书：2018 年中国社会形势分析与预测》指出，供给侧结构性改革取得显著的成效，使得消费和第三产业在国民经济当中的拉动作用不断增强。随着我国消费出现结构性变化，基本的物质消费比重在下降，新兴热点不断释放消费潜力，引领产业结构的调整。旅游、文化、体育、健康、养老等五大幸福产业因为与老百姓生活密切相关，与当前民众对精神文化层面的消费需求联系紧密，成为发展的新亮点。

（三）高质量，消费升级实现经济发展的大逻辑

中国经济实现转型升级，消费必然要上台阶。党的十九大报告提出，增强消费对经济发展的基础性作用。过去几年，消费对中国经济增长的作用前所未有；未来，消费对经济增长的稳定作用和拉动作用

会更加突出。但"别让中高端消费跑了"的声音也不时响起，以奢侈品为代表的中高端消费"外移"成为消费升级最大的隐忧。我国经济进入高质量发展阶段，消费也进入了需求多元发展、规模持续扩大、结构优化升级的发展新阶段。清华大学教授李稻葵认为，国民的需求高端化、多元化是中国经济进入新时代的一个重要特征，一旦国内满足不了高端需求，消费者就会出国消费。新时代我国社会的主要矛盾已转化为人民日益增长的美好生活需要和不平衡不充分的发展之间的矛盾。在部分消费领域，我国的产品质量、技术研发和创新能力还落后于消费结构升级的需要。

国家信息中心经济预测部高级经济师祁京梅表示，要积极推进供给侧结构性改革，为新增消费创造需求，通过去产能、去库存、淘汰僵尸企业等，将优质的资源转移到适合消费升级的产业部门上来，促进产品质量的提升和产业的转型升级，为扩大消费创造优质和可持续的新增需求。随着服务业进一步加快发展，将有效推动五大幸福产业快速发展，成为新时期扩大消费的新引擎。复旦大学公共经济研究中心主任石磊指出，通过提升消费品的标准和质量，开展中国消费品市场"品质革命"，使之成为"中国制造"升级的契机，以先进标准引领消费品质量提升，再通过需求端的升级倒逼产业升级，是增加"中国制造"有效供给、满足消费升级需求的必由之路。商务部提出，要重点针对当前消费需求显著提升、多元化发展和市场供给不平衡、不充分的矛盾，营造更好的消费环境，在中高端消费、绿色低碳、分享经济、现代供应链、人力资本服务等领域培育新的增长点，努力释放消费需求的潜力。

三、数字经济下我国居民消费路径

2023年，最终消费支出对中国经济增长的贡献率达82.5%，消费结构性升级成为经济增长第一大驱动力。阿里巴巴数字经济体推动实物消费提档升级，促进服务消费提质扩容，引领消费新模式加快成长和消费梯次升级，全生态合力共绘消费升级大图，成为当之无愧的新消费升级主引擎。经纬万千系于一端，阿里巴巴数字经济体以不同的业态，具体而微地深度关联着人们的衣食住行，在经济社会长卷里落下一枚枚让生活更便捷美好的注脚。而就是这些活色生香、热气腾腾的消费图景，赫然指明消费提质升级的鲜明路径。

（一）实物消费品质升级

天猫是全球 15 万知名品牌数字化转型升级的主阵地，汇聚来自全球 70 多个国家地区的好货，满足中国消费者对品质生活的需求。除了高端智能家电，高端水、保健品、宠物消费等均有明显提升。天猫国际进口消费用户覆盖全国 388 个城市。为吸引中国消费者，在天猫奢侈品频道 Luxury Pavilion 上，50 多个全球奢侈品品牌推出了 1 200 多款"天猫七夕特供"。Tiffany 首次在天猫开设快闪店并独家首发新品，多款产品被一抢而空。随着多元化、定制化的消费需求不断涌现，C2B 的新制造成为大势所趋。2018 年天猫新零售平台基于全面而精准的消费者洞察，预计将首发超过 2 000 万款新品，以满足不同人群的个性化消费需求。2020 年中秋节数据与 2019 年相比，龙虾销量增长 357%，葡萄酒销量增长 208%，而常被戏称为"消费升级标的物"的牛油果销量增长了302%。实际上，更智能、更细分、更个性化的消费趋势，正在定义品质消费。天猫新零售大数据显示，智能手机、智能化科技产品销量增加。2018 年天猫 6·18 期间，自动炒菜机销量比 2017 年同期增长 2 倍，自动擦窗机增长 4 倍，自动聊天机器人增长 9 倍，自动洗菜机增长 23倍，自动食物垃圾处理器增长 266 倍，自动蒸汽拖把增长 321 倍，自动扫地机器人单日峰值增长 1 092 倍。

（二）服务消费业态升级

商务部指出，2019 年上半年，服务消费规模持续扩大，全国餐饮收入 1.95 万亿元，旅游消费需求持续趋旺。阿里巴巴数字经济体引领的服务型消费，正在强劲驱动新的消费增长。作为新零售本地生活服务平台，饿了么跑腿业务大幅提升，让更多消费者在家就能享受到优质服务。2018 年中秋小长假期间，跑腿买菜业务增长 315%，跑腿买花业务增长 426%，跑腿买药业务增长 603%。

盒马鲜生通过重构全球直采、基地直采的供应链体系，把最新鲜的商品以亲民的价格送到消费者手中，这直接让以往只在社交场合出现的帝王蟹等升级类消费品，爬上了普通人家的餐桌，30 分钟内送达的"三公里理想生活圈"将持续提升居民生活品质。口碑数据显示，消费服务需求从生存型趋向服务型，消费结构向中高端扩容，从沙漏形变为纺锤形。舌尖消费呈多元化生长，方便面与鲍鱼比翼双飞，以"轻食""健康""素食"等关键词命名的餐厅数量较 2018 年同期迅猛增长。服务升级需求增长显著，手机点单等成为行业标配，让消费者实现"零排队"的餐饮服务。年轻消费者对服务型消费的热情，成为服务消费的新亮点。飞猪发布的 2018 年国庆出游报告指出，"80 后""90 后"的旅游消费继续升级，出去旅游就要住好吃好已成新消费观念。

（三）新型消费体验升级

线上线下融合的新零售体验式消费，正在成为居民消费新宠。阿里巴巴旗下旅行品牌飞猪升级未来景区战略，首个未来景区样板间——西溪国家湿地公园正式在杭州亮相，落地智慧票务、智慧导览等系列功能，帮助景区装上智慧大脑。未来景区计划 3 年内落地 1 000 家景区，LBS 服务、视频图像分析、人脸识别、语音识别、调度算法等技术将与旅行中的各个场景相结合，提升景区旅游体验。在上海，全球最大的星巴克新零售智慧门店成为网红级新零售地标；Lily商务时装天猫智慧门店推出虚拟试衣等功能后，试装率和成交量双双提升。在北京，体育零售商Intersport和天猫联手打造首个AI帮助穿搭的智慧门店，"百搭魔镜""智能鞋墙""门店支付一键到家"等新零售体验服务，调动起人们的购物热情。在杭州，盒马鲜生解百店的单日线上线下的客流峰值接近3万人次，甚至超过雷峰塔的单日游客数。从遍布大街小巷的天猫新零售智慧门店，到许多城市致力打造的"新零售大街"，智能化、体验式消费风潮正劲。伴随着新零售业态从一、二线城市逐渐向三、四线城市拓展，从盆景变风景，更多人将近距离感受新零售带来的新消费体验。

（四）普惠消费梯次升级

继续丰富平台的产品选择，不仅满足而且还要为不同需求的客户创造需求，让不同需求的客户都能找到合适的产品。阿里巴巴集团时任CEO张勇指出，提高低价产品的质量才是最关键的事，这是我们要做，也是在过去几年中有所成就的地方。阿里巴巴集团2018财年第四季度财报显示，第三季度主要来自三、四线城市和更多农村地区的年度活跃消费者净增3 700万人；第四季度财报显示，年度活跃消费者较上季度增加了2 400万人，有80%来自低线城市。实际上，更普惠的消费触达效应已经得到多方印证。某国产护肤品牌CEO说，我们只在118个城市有实体柜台，但通过天猫平台可以触达650个城市。数据显示，我们的大多数销量来自那些没有实体柜台的城市。2018财年第四季度财报显示，农村淘宝已在全国建立超过3万个村淘点。2019年1月天猫年货节期间，全国农村消费者通过农村淘宝的服装消费超过10亿元，服饰品类的3万多个核心品牌商家通过淘宝下沉到农村市场。与此同时，阿里巴巴生态体系的协同效应，也在改造下沉市场方面展现出巨大能量。菜鸟网络上线县域O2O物流模式，使三、四线城市及农村地区的消费者和一、二线城市一样，都能享受到次日达的物流服务。满足城乡居民多层次、多样化的消费需求，让消费者都能在自己的消费能力范围内，以更加便捷的方式获得更美好的生活体验、更优质的产品和服务，正是阿里巴巴数字经济体给消费升级的最优解。

四、产业结构影响消费结构的路径

第一，中国城乡消费差距存在显著的省份空间依赖性，城乡消费差距是中国二元经济结构的产物，改革开放以来中国城乡消费差距经历一个早期曲折波动上升，之后逐渐下降的变化趋势。空间相关性分析发现，中国省份之间的城乡消费差距存在明显的空间集聚性，区域之间的城乡消费差距不是独立存在的，而是有着千丝万缕的依赖关系。因此，在思考和处理城乡消费差距问题时，应该有全局意识，注意区域之间的政策协调，实现区域资源的有效配置，充分发挥积极经济要素的空间溢出效应，共同达到城乡消费差距的最小化，最终实现经济增长方式的转变，以刺激内需带动中国经济的新一轮增长。

第二，产业结构升级可有效缩小城乡消费差距，但在不同时期、不同区域作用效果存在差异。1993—2002年产业结构升级拉大了城乡消费差距，这是由于中国产业结构的升级，比如第二、第三产业的发展起源于城镇，早期从产业结构升级中得到实惠最多的是城镇居民，城镇居民的消费大于农村居民消费。因此，这段时期产业结构升级对城乡消费差距有"恶化"效应。2003—2020年，中国产业结构的优化升级缩小了城乡消费差距，同时产业结构升级具有正向的空间溢出效应。虽然产业结构的优化升级随着人口的流动，释放的普惠效应逐渐被农村居民所享受，对他们消费行为产生促进作用，但区域之间产业结构的升级具有竞争性，当本地区掌握过多的优势资源，会弱化周边区域的资源占有，从而拉大周边区域的城乡消费差距。东部的产业结构升级对城乡消费差距影响不显著，但是本地区的产业结构升级对城乡消费差距有正向的空间溢出效应，中部地区拉大了城乡消费差距，西部地区则缩小了城乡消费差距，同时对周边省份有负向的空间溢出效应。因此，加强区域之间的政策沟通，实现区域之间政策协调，能够充分释放资源的积极效应。不同区域产业结构不同，意味着所掌握的资源存在差异，因此发挥的作用就有偏差，这就需要政府进行顶层设计，全局统筹区域之间的产业结构优化升级，进而更好地平衡城乡消费差距。

第三，城镇化发展、政府行为等缩小了城乡消费差距，而经济开放水平和城乡收入差距等拉大了城乡消费差距（徐敏、姜勇，2015）。分时期的样本考察发现，2002年中国城镇化发展、经济开放水平以及政府行为等拉大了城乡消费差距。2012年城镇化发展的福利效应逐渐显露，对城乡消费差距有削弱作用；而随着中国经济开放水平的常态化趋势，这一因素对城乡消费差距的影响不再显著，政府"促消费"的导向政策对缩小城乡消费差距起到积极作用；城镇化率、城乡收入差距和政府行为具有正向的空间溢出效应，而经济对外开放水平有负向的空间溢出效应。分区域的样本考察发现，东部地区的城乡收入差距缩小了城乡消费差距，但同时拉大了周边省份的城乡消费差距，而中西部地区影响不显著；东部地区的城镇化发展对城乡消费差距影响不显著，但有正向的空间溢出效应，而中西部地区城镇化发展拉大了城乡消费差距；经济开放水平在中西部地区拉大了城乡消费差距，对东部地区影响不显著。各区域的政府行为也存在差异，东部、中部地区的政府行为缩小了城乡消费差距，且东部地区有负向的空间溢出效应，西部地区的政府行为对城乡消费差距的影响不显著，但是存在正向的空间溢出效应。

第三节　数字经济发展对产业结构升级影响的
区域差异

　　数字经济是信息化时代数字技术发展的产物，是以数据资源为主要要素，依托信息网络，以全要素数字化转型为主要推动力的一种新经济形态。根据相关资料显示，2020年我国数字经济核心产业增加值占GDP的比重已达到7.8%，数字经济占GDP的比重达38.6%，同比提升2.3%。数字经济的发展为国民经济持续健康发展贡献了强有力的支撑。国务院印发的《"十四五"数字经济发展规划的通知》（国发〔2021〕29号）中提到，中国产业数字化转型正在稳步进行，三大产业数字化水平均有显著提高，数字技术正在加快与各行各业融合发展。数字经济逐渐催生更多新产业的形成，并促进与传统产业的深度融合，促进产业结构转型升级（李艺铭，2020）。当前中国正处于经济结构调整升级的关键时期，产业结构升级是经济高质量发展的重要动力。步入经济新常态后，中国经济增长逐渐由依靠要素投入向创新驱动转变，传统产业和低端产业逐渐被高端新兴产业所取代。在这样的背景下，数字经济的发展为传统产业转型、效率提升提供了有力的保障。数字经济可以通过新技术、新设备的应用，转变传统生产方式，促进产业的数字化、智能化，从而提高资源配置效率，推动产业转型升级（蔡跃洲、马文君，2021）。抓住数字经济的有利时机已经成为中国产业结构优化升级的重要手段，因此本节重点分析数字经济发展对中国产业结构的影响机制，并以全国30个省（区、市）（不含数据缺失较为严重的西藏和缺数据的香港、澳门、台湾省）相关数据加以全样本和分地区实证检验，进一步明确不同区域之间影响机制的差异性。

　　随着数字经济对社会经济的影响不断加深，数字经济已经成为学术界研究的热点话题。关于数字经济的研究，目前已涉及其内涵、特征、衡量体系等方面。数字经济是以数字化技术为主要生产要素，利用信息通信网络为载体，促进经济效率提升和经济结构优化等经济活动（王伟玲、王晶，2019），具有数字化、智能化、互联互通、共享等特性（魏萍、陈晓文，2020）。从内涵中可知数字经济以数据为主要要素，因此很难对其进行准确的测算，目前学术界关于数字经济发展的衡量主要是通过构建相关指标体系加以衡量（张蕴萍等，2021）。关于数字经济发展与产业结构的关系，大多数学者均认为数字经济发展对产业结构优化升级具有促进作用。如李爱真（2020）和陈庆江、赵明亮（2018）通过面板模型分别分析了数字化发展环境对产业结构高级化和合理化的影响。从作用机制来看，林浩等（2020）从理论分析的角度认为数字经济促进了经济实体的融合发展，从而为产业结构转型带来了新的动力，但是相关研究结果缺乏数据支撑。林宇豪、陈英葵（2020）从要素流动的视角认为数字经济是通过增加要素流动节点，促进各要素互动从而改善产业效率和结构。董超（2021）从消费结构升级的角度实证分析了数字经济对产业结构调整的影响。

综上所述，现有关数字经济与产业结构关系的研究并不多，其中理论探讨多于实证分析，究其原因主要是数字经济的衡量指标难以设计。此外，已有的实证研究缺乏系统理论梳理，未能明确数字经济对产业结构升级的影响机理，同时由于数字经济的共享性，多数实证研究在实证检验中忽视了区域间空间关联性对研究结果的影响。有鉴于此，本节在已有研究的基础上，系统梳理数字经济对产业结构升级的影响机制，并通过构建省级空间计量模型加以实证分析，以期能更好地推动中国产业结构优化升级，实现经济高质量发展。

一、数字经济孕育新的经济形式

首先，数字技术通过产业化应用可以培育新的产业。从产业的生命周期理论可以知道，一个产业会经历萌芽期、成长期、成熟期和衰退期四个阶段。随着数字技术的应用，数字产业开始发展。伴随着数字技术的成熟推广，市场需求量增大，生产规模效应提升，数字产业开始蓬勃发展。目前诸如信息服务业、大数据产业、人工智能产业等新兴产业的飞速发展引领着数字产业的发展潮流。其次，数字技术的应用可以实现传统产业改造。产业数字化改造会带来传统产业数字化水平提升，传统产业中数字化生产要素的普及，可以促进生产过程中生产方式和资源形态的改造，实现降本增效，提高资源使用效率，增加产品附加值，有利于产业结构高级化。

二、数字经济的需求扩大效应

在传统的生产过程中，由于信息不对称性的影响，消费者与生产者之间缺乏沟通。依托于数字经济下的信息技术，一方面，生产者可以通过大数据分析消费者需求，缓解信息不对称，使得生产过程与消费者需求结构更加匹配，进而在收入不变的情况下，满足更多消费者的个性化需求，扩大整体需求量，推动产业结构升级；另一方面，随着更多消费者个性化需求的满足，整体国民经济的消费倾向也会随之提高，从宏观经济发展理论来看，整体总需求曲线会向右移动，带来国民收入的增长，进而促进产业结构升级。

三、数字经济的技术溢出效应

一方面，数字技术的应用普及，会促进传统产业生产技术的进步。由于数字经济共享性的特征，知识、技术的传递突破了时空的限制，传递成本低、速度快、覆盖范围广，使得企业更容易获得新技术新知识，从而推动技术创新，实现产业结构高级化。另一方面，技术知识在企业间传播，会带来技术融合发展动力。新的技术会在不同产业之间扩散，导致生产要素在产业之间转移，促进相关产业扩张或收缩，从而优化产业结构。

四、指标选取与模型构建

（一）数字经济发展水平的测度

前文中提到关于数字经济发展水平的衡量目前还没有一个定论，这里借鉴杨慧梅、江璐（2021）的做法，从信息技术设施、信息技术应用、信息产业发展等方面通过主成分分析法对数字经济发展（nber）进行衡量，具体见表3-1。

表3-1　数字经济发展水平衡量体系

一级指标	二级指标	指标名称
数字经济发展水平	信息技术设施	网站数
		域名数
	信息技术应用	互联网上网人数
		移动电话普及率

一级指标	二级指标	指标名称
数字经济发展水平	信息产业发展	电子商务销售额
		信息传输、软件和信息技术服务业从业人数
		信息传输、软件和信息技术服务业主营业务收入

（二）产业结构升级衡量

关于产业结构升级的衡量，采用徐德云、肖未末（2020）的做法，构建产业结构升级指数，具体指标为：

$$R = \sum_{i=1}^{3} y_i \times i = y_1 \times 1 + y_2 \times 2 + y_3 \times 3$$

其中，y_i 是第 i 产业占国民收入的比重，该指标值越大，说明产业结构升级程度越高。

（三）控制变量

基于已有文献，这里引入的控制变量有：固定资产投资水平（$invest$），以固定资产投资额占地区生产总值比重来衡量；城市化水平（$urban$），以城镇人口占常住人口比重来衡量；创新投入（rd），以 R&D 经费投入来衡量；政府干预（gov），以财政支出占 GDP 比重来衡量。

所选取指标来自 2015—2020 年《中国统计年鉴》《中国高技术产业统计年鉴》《中国工业经济统计年鉴》。为保证数据平稳性，避免出现伪回归现象，对所有指标进行标准化处理。据此构建数字经济发展影响产业结构升级的空间杜宾模型：

$$\ln R_{i,t} = \alpha l_n + \beta_0 \ln nber_{i,t} + \beta_1 \ln invest_{i,t} + \beta_2 \ln urban_{i,t} + \beta_3 \ln rd_{i,t} + \beta_4 \ln gov_{i,t} +$$
$$\theta_0 \mathbf{W} \ln nber_{i,t} + \theta_1 \mathbf{W} \ln invest_{i,t} + \theta_2 \mathbf{W} \ln urban_{i,t} + \theta_3 \mathbf{W} \ln rd_{i,t} +$$
$$\theta_4 \mathbf{W} \ln gov_{i,t} + \varepsilon_{i,t}$$

其中 W 为空间 0-1 权重矩阵，α 为常数项，l_n 表示一个 $n \times 1$ 阶的单位矩阵，β，θ 表示回归系数，ε 为残差项。

五、空间相关性检验

因为本节中使用空间计量模型，在回归之前有必要进行空间相关性检验。通过莫兰指数值计算可知，从 2015—2020 年中国数字经济发展的莫兰指数均显著大于 0（见表 3-2），说明数字经济发展存在正向空间自相关性，一个区域数字经济的发展会对邻近区域发展产生正向溢出效应。

表 3-2　2015—2020 年中国数字经济发展的莫兰指数

年份	莫兰指数	p 概率值
2015 年	0.016**	0.036
2016 年	0.024*	0.095
2017 年	0.037*	0.063
2018 年	0.054**	0.026
2019 年	0.076***	0.008
2020 年	0.078**	0.042

注：***、**、*分别表示通过了 1%、5%、10% 的显著性检验。

六、回归结果分析

在回归分析之前，为保证数据的平稳性，通过 LLC 和 IPS 两种方法对各变量进行单位根检验（见表 3-3）。从检验结果来看，在两种检验方法下，各变量均至少在 10% 的显著性水平下通过了显著性检验，因此认为所构建的指标不存在单位根问题，可以用于回归分析。

表3-3　变量单位根检验

变量	LLC	IPS
$\ln R$	−3.042**	−2.285**
$\ln nber$	−4.013*	−1.573***
$\ln invest$	−2.134***	−6.370*
$\ln urban$	−6.347**	−12.028***
$\ln rd$	−4.158*	−4.974**
$\ln gov$	−8.572***	−5.326**

注：***、**、*分别表示通过了1%、5%、10%的显著性检验。

　　为充分考察数字经济发展的空间效应，本节使用空间杜宾模型加以回归检验。从回归结果来看，数字经济发展的回归系数在5%的显著性水平下显著大于0，说明数字经济发展可以有效地促进产业结构优化升级。数字经济发展催生了一大批市场机遇，引导生产要素向新兴产业转移，增加了市场供给主体，丰富了产品种类，带动了新兴产业发展，进而促进了产业结构优化升级。

　　从控制变量的回归结果来看，固定资产投资、城市化水平的回归系数均为正数，且通过了显著性检验，说明固定资产投资增加、城市化水平提高可以显著推动产业结构优化升级。固定资产投资增加会带来企业生产经营规模扩大，促进企业生产的专业化和创新能力提高，进而有利于促进产业结构升级。城市化水平提高，有利于吸引产业转移，促进本地产业优胜劣汰，推动产业结构优化升级。政府干预的回归系数显著为负，说明政府干预会对产业结构合理化、高级化产生阻碍作用。政府干预过多不利于市场经济资源的优化配置，因此政府在产业规划方面，要制定科学的财政政策和产业政策，促进产业结构优化升级（张林、冉光和，2018）。创新水平的回归系数大于0，但未能通过显著性检验，说明目前中国技术创新能力还较为薄弱，数字信息未能很好地与其他产业结合起来，导致产业商业价值挖掘不足，难以发挥技术促进作用。

从溢出效应来看，数字经济的溢出效应显著为正，说明数字经济发展不仅能促进本地区产业结构升级，也能促进周边地区产业结构优化调整，同时验证了数字经济发展空间相关性的存在。基于数字经济的共享性、互联互通性等特征，打破了先进技术和信息在时空上的限制，进一步促进了要素流动的效率，从而有利于推动周边地区产业结构优化升级。技术创新的正向溢出效应原理与之类似，这里就不再赘述。至于固定资产投资、城市化水平为负的溢出效应是资源的稀缺性导致，资源稀缺性使得各地区之间存在相互竞争关系，因此一个地区的发展势必牺牲了其他地区资源获得的可能性，产生了负的溢出效应。见表3-4所示。

表3-4　空间杜宾模型回归结果及其溢出效应

变量	回归系数	标准化变量	溢出效应
$\ln nber$	0.36^{**}	$W\ln nber$	0.15^{*}
$\ln invest$	0.14^{*}	$W\ln invest$	-0.023^{*}
$\ln urban$	0.42^{***}	$W\ln urban$	-0.004
$\ln rd$	0.06	$W\ln rd$	0.02
$\ln gov$	-0.17^{*}	$W\ln gov$	-0.031^{*}
常数项		2.41^{*}	
Log – Likelihood		232.58^{***}	

注：***、**、*分别表示通过了1%、5%、10%的显著性检验。

从表3-5分区域回归结果可以看出，数字经济发展对产业结构升级的影响在不同区域呈现出不同的效果。东部地区作用效果最为显著，其次是中部地区，最后是西部地区。这是因为东、中部地区具有更高的数字经济发展水平和产业体系，从而能更好地发挥数字经济对产业结构升级的促进作用。除此以外，根据"梅特卡夫法则"可知，东部地区在信息技术设施和互联网应用等方面发展较为领先，基础设施水平较高，更有利于发挥数字经济对产业结构升级的促进作用，因此在回归结果上更为显著。

表3-5　分地区回归结果

变量	东部地区	中部地区	西部地区
ln $nber$	0.52***	0.28*	0.09
ln $invest$	0.17**	0.22	−0.076*
ln $urban$	0.64***	0.48**	0.25**
ln rd	0.16**	0.13	−0.04
ln gov	−0.08	−0.14	0.023*

注：***、**、*分别表示通过了1%、5%、10%的显著性检验。

七、结论与政策建议

通过对数字经济发展影响产业结构升级的路径加以理论分析，构建了数字经济和产业结构升级的衡量指标，并运用2015—2020年全国省级面板数据进行空间计量检验。结果表明：数字经济发展存在正的空间自相关性，邻近区域之间发展呈现出一定的集聚特征。数字经济发展可以有效地促进本地区产业结构升级，同时对周边地区产生正的空间溢出效应，且这种促进作用呈现出区域异质性，东部地区作用效果最为显著，西部地区效果较差。固定资产投资、城市化水平提高在促进本地区产业结构升级的同时，对周边地区造成负的溢出效应。政府干预过多不利于产业结构优化升级。技术创新存在正的溢出效应，但由于目前国内创新能力较为薄弱，技术创新的推动作用不够明显。根据这些结论提出如下政策建议：

一是牢牢把握时机，促进数字经济发展。一方面，通过加大基建投资、加快信息技术设施建设引导数字经济发展，拓宽数字技术在实体经济中的使用范围；另一方面，着重培养信息技术应用型人才和研发人员，为数字经济发展赋能。同时，建立健全创新机制，鼓励技术创新，引导数字技术创新广泛应用于生产领域，为实体经济注入新的动力，促进产业结构优化升级。

二是要因地制宜，为数字经济发展营造良好的环境。由于数字经济发展在不同地区的异质性，各地在推动产业发展的时候，应根据地区资源禀赋、产业结构现状制定适宜的产业发展政策。如中西部地区要继续加强基础设施建设，引导数字经济培育发展；东部地区要加强研发能力培育，提高产业创新能力，形成良好的数字经济发展格局，促进产业结构升级。

三是充分认识到数字经济发展的空间溢出效应，发挥其带动辐射作用，建立跨区域协同发展机制。加强技术、知识等生产要素的共享，促进数字技术尽快转化为产业成果，推动其与实体经济融合的深度与广度，进而促进产业结构升级。

第四章　产业结构与消费结构持续性发展研究

　　中国经济正处于向高质量发展阶段转型的重要时刻，经济增长挑战日益严峻，下行压力逐渐增大，长期以来的粗放型发展模式造成的社会、环境弊端日益突出。在此背景下，党的十九大报告强调要以实现经济高质量发展作为宏观调控的根本要求。随着中国经济发展进入新常态，如何增加经济发展的新动能实现国民经济高质量发展受到了社会各方面的高度关注。

　　鉴于此，本章以产业结构升级为中介变量，依托中介效应，以2010—2020年省级面板数据考察数字经济对经济高质量发展的影响及其中介效应。

第一节　产业结构升级视角下的数字经济与经济高质量发展研究

作为在信息技术快速发展以及经济发展新动能培育共同作用下飞速发展的数字经济，无疑为经济发展注入了新的活力（阳军、樊鹏，2020）。根据有关资料显示，2020年我国数字经济占 GDP 的比重已高达38.6%，数字经济总量已位居全球第二，数字经济在国民经济中占据越来越重要的地位。数字经济是以数据资源为主要要素，依托信息网络，以全要素数字化转型为主要推动力的一种新经济形态，具有数字化、智能化、互联互通、共享等特性（魏萍、陈晓文，2020）。大力发展数字经济，推进数字产业化和产业数字化发展是实现经济增长方式转变、产业结构调整的重要举措，而实现经济高质量发展的关键就在于转变增长方式、优化产业结构。因此，在当前经济转型的背景下，数字经济的发展是否能推动经济高质量发展、数字经济发展背景下的产业结构调整升级能否促进经济发展质量的提升等话题，已经成为学术界日益关注的重点。

学术界已有的关于数字经济、产业结构与经济高质量发展的研究，大致可以分为以下几类：一是数字经济发展对经济高质量发展的影响。如王晓红、李雅仙（2021）基于省级面板数据从数字基础设施、数字普惠金融、数字产业发展三个角度实证分析了数字经济对经济高质量发展的影响；左鹏飞、陈静（2021）从经济创新能力、运行效率等方面分析了数字经济对中国经济增长的影响。二是产业结构对经济高质量发展的影响。如史丹等（2020）实证分析了产业结构转型升级对经济高质量发展的促进作用。三是数字经济与产业结构升级。如林宇豪、陈英葵（2020）从要素流动的视角认为，数字经济是通过增加要素流动节点、促进各要素互动从而改善产业效率和结构；董超（2021）从消费结构升级的角度实证分析了数字经济对产业结构调整的影响。

综上所述，已有文献主要集中于数字经济与经济高质量发展、产业结构升级与经济高质量发展，以及数字经济与产业结构升级两两之间关系的研究，而少有将这三者结合起来探讨其内在关系的研究。笔者认为，数字经济作为一种新的经济形态，不仅是经济增长的新动力，其本身发展也可以塑造新的商业模式和理念，从而优化产业结构，促进产业结构转型升级，进而推动经济高质量发展。因此，本章选取省级面板数据，通过构建经济高质量发展、数字经济发展和产业结构升级测度指标，运用中介效应模型，从理论和实证两个角度研究数字经济对经济高质量发展的影响，以及其通过产业结构升级带来的间接效应，以期为推动中国经济高质量发展提供参考。

一、数字经济为经济高质量发展提供新动力

一方面，从宏观层面来看，过去传统的生产要素是以土地、劳动力、资本等为主，而数字经济的发展是以数据为核心生产要素，数据的共享性、海量性在一定程度上打破了传统生产要素稀缺性对经济发展的制约，带来产出的倍增效应，从而提高生产效率，促进经济高质量发展。另一方面，从市场供求机制来看，数字经济的发展有助于缓解信息不对称性，依托于数字经济下的信息技术，生产者可以通过了解分析消费者需求，缓解信息不对称，使得生产过程与消费者需求结构更加匹配，基于数字网络平台为传统产业注入新的动力，加强生产端与消费端的相互联系，为传统产业进行数字赋能，推动传统产业改革创新，促进经济高质量发展。

二、数字经济发展推动经济创新力提升

首先，数字经济具有共享性的特征，数据要素应用在生产过程中时，会带来知识、技术的广泛传播，从而使得企业更容易获得新技术新知识，从而推动产业技术创新，提高生产效率。其次，随着技术知识在企业间传播，会带来技术融合发展动力。新的技术会在不同产业之间扩散，导致生产要素在产业间转移，促进相关产业扩张或收缩，优胜劣汰，有利于提高全要素生产效率。最后，随着数字技术的持续发展和完善，有利于催生一大批新的数字经济应用场景，如数字医疗、数字政务等，从而在这些领域催生新的创新力，推动产业创新能力提升。

三、数字经济通过产业结构升级促进经济高质量发展

一方面，数字技术通过产业化应用可以发展成新的产业；另一方面，数字技术的应用可以实现传统产业改造。因此，数字经济发展可以推动产业结构转型升级，而产业结构升级所带来的技术创新、产业协调发展、污染减排、信息共享等正是经济高质量发展的内在要求。此外，产业结构升级的同时实现对经济增长结构的优化，有利于调整经济增长方式，从而促进经济高质量发展。

四、指标选取与数据说明

（一）数字经济发展水平的测度

数字经济发展水平的衡量目前还没有一个定论，这里借鉴杨慧梅、

江璐（2021）的做法，从信息技术设施、信息技术应用、信息产业发展等方面通过主成分分析法对数字经济发展（nber）进行衡量，具体见表4-1。

表4-1　数字经济发展水平衡量体系

一级指标	二级指标	指标名称
数字经济发展水平	信息技术设施	网站数（x_1）
		域名数（x_2）
	信息技术应用	互联网上网人数（x_3）
		移动电话普及率（x_4）
	信息产业发展	电子商务销售额（x_5）
		信息传输、软件和信息技术服务业从业人数（x_6）
		信息传输、软件和信息技术服务业主营业务收入（x_7）

首先根据KMO和Bartlett检验，KMO统计值为0.786，Barlett检验值为296.364，通过了1%的显著性检验，因此可以认为变量适合用于因子分析。之后对旋转后的因子进行处理，得到各成分的特征值和累计贡献率（见表4-2）。根据特征值大于1的原则，最终选择两个主成分，从表中可知这两个主成分累计贡献率达84.065%，可以反映大部分变量的信息。

表4-2　解释的总方差

主成分	特征值	方差	累计
1	4.782	66.768%	66.768%
2	1.259	17.297%	84.065%
3	0.734	8.192%	92.257%
4	0.503	4.413%	96.670%
5	0.174	2.061%	98.731%
6	0.025	0.720%	99.451%

最后根据旋转成分矩阵和得分系数矩阵，得出如下因子得分系数，反映各变量与两个主成分之间的关系：

$$F_1 = 0.267x_1 + 0.321x_2 - 0.018x_3 - 0.104x_4 + 0.172x_5 - 0.168x_6 + 0.206x_7,$$
$$F_2 = -0.034x_1 - 0.112x_2 + 0.363x_3 + 0.347x_4 - 0.017x_5 + 0.344x_6 - 0.21x_7$$

根据上述计算的两个主成分得分系数和方差贡献率，可得

$$nber = 0.67 \times F_1 + 0.17 \times F_2$$

（二）产业结构升级衡量

关于产业结构升级的衡量，采用徐德云、肖未末（2020）的做法，构建产业结构升级指数，具体指标如下：

$$R = \sum_{i=1}^{3} y_i \times i = y_1 \times 1 + y_2 \times 2 + y_3 \times 3$$

其中，y_i 是第 i 产业占国民收入的比重，该指标值越大，说明产业结构升级程度越高。

（三）经济高质量发展水平衡量

关于经济高质量发展水平的衡量，目前主要有两种方法，一是使用全要素生产率、人均GDP等单一指标（刘波等，2021），二是围绕高质量发展内涵构建综合指标体系。笔者认为高质量发展包括创新、协调、绿色、开放、共享的新发展理念，因此借鉴万永坤、王晨晨（2022）的研究方法，从新发展理念出发构建综合指标体系，运用主成分分析法对经济高质量发展水平（$qgdp$）进行衡量，具体如表4-3。

表4-3　经济高质量发展水平衡量

一级指标	二级指标	指标名称
创新	创新投入	R&D经费投入（z_1）
	创新主体	每万人高等教育学校数（z_2）
	创新产出	每万人专利申请数（z_3）

一级指标	二级指标	指标名称
协调	城乡结构协调	城镇化率（z_4）
	需求结构协调	社会消费品零售总额占GDP比重（z_5）
绿色	能源消耗	单位GDP能耗（z_6）
开放	资本开放	FDI占GDP比重（z_7）
	贸易开放	净出口总额占GDP比重（z_8）
共享	收入水平	人均可支配收入（z_9）
	医疗卫生	每千人病床数（z_{10}）

同上，根据KMO和Bartlett检验，KMO统计值为0.810，Barlett检验值为436.668，通过了1%的显著性检验，因此可以认为变量适合用于因子分析。之后对旋转后的因子进行处理，得到各成分的特征值和累计贡献率（见表4-4）。根据特征值大于1的原则，最终选择三个主成分，从表4-4中可知这三个主成分累计贡献率达87.693%，可以反映大部分变量的信息。

表4-4　解释的总方差

主成分	特征值	方差	累计
1	6.772	69.174%	69.174%
2	1.205	13.081%	82.255%
3	1.047	7.252%	87.693%
4	0.863	4.736%	94.243%
5	0.281	2.124%	96.367%
6	0.109	1.118%	97.485%
7	0.063	0.720%	98.205%

主成分	特征值	方差	累计
8	0.025	0.327%	98.532%
9	0.007	0.129%	98.661%

然后根据旋转成分矩阵和得分系数矩阵，得出如下因子得分系数，反映各变量与三个主成分之间的关系：

$F_3 = 0.272z_1 + 0.164z_2 + 0.010z_3 - 0.117z_4 + 0.204z_5 - 0.215z_6 - 0.074z_7 + 0.327z_8 + 0.249z_9 + 0.416z_{10}$,

$F_4 = -0.255z_1 + 0.159z_2 + 0.216z_3 + 0.046z_4 + 0.127z_5 + 0.230z_6 + 0.225z_7 - 0.059z_8 + 0.248z_9 + 0.044z_{10}$,

$F_5 = 0.338z_1 + 0.530z_2 - 0.129z_3 - 0.134z_4 - 0.112z_5 - 0.236z_6 + 0.132z_7 + 0.147z_8 - 0.102z_9 + 0.180z_{10}$

根据上述计算的三个主成分得分系数和方差贡献率，可得

$$qgdp = 0.69 \times F_3 + 0.13 \times F_4 + 0.07 \times F_5$$

（四）控制变量选取

结合已有研究，选取政府干预（gov）——以地方政府财政收入占GDP的比重衡量、交通运输（$trans$）——以各地区每万公里公路和铁路里程数之和衡量交通运输条件和人力资本（$capti$）——以研发人员占从业总人数的比重来衡量。

研究空间包括中国30个省（区、市）（不含数据缺失较为严重的西藏和缺数据的香港、澳门和台湾省），所选指标来自2010—2020年《中国统计年鉴》《中国科技年鉴》《中国工业经济统计年鉴》以及各地统计年鉴。为保证数据平稳性，避免出现伪回归现象，对所有指标进行标准化处理。

五、模型构建

为验证产业结构升级的中介效应，文章使用中介效应模型进行实证分析，设定以下模型：

$$qgdp_{it} = C_1 + \alpha_1 nber_{it} + \beta_1 gov_{it} + \chi_1 trans_{it} + \delta_1 capti_{it} + \varepsilon_{it} \quad （4-1）$$

$$R_i = C_2 + \alpha_2 nber_{it} + \beta_2 gov_{it} + \chi_2 trans_{it} + \delta_2 capti_{it} + \varepsilon_{it} \quad （4-2）$$

$$qgdp_{it} = C_3 + \alpha_{31} nbr_{it} + \alpha_{32} R_{it} + \beta_3 gov_{it} + \chi_3 trans_{it} + \delta_3 capti_{it} + \varepsilon_{it} \quad （4-3）$$

其中，式（4-1）用来反映数字经济与经济高质量发展之间的关系，式（4-2）反映数字经济对产业结构升级的影响，式（4-3）反映产业结构升级的中介效应，α，β，χ为回归系数，C为常数项，ε为残差项，下标it分别表示地区和年份。

六、回归结果分析

（一）单位根检验

为避免单位根存在所造成的伪回归问题，在回归检验之前，通过LLC和IPS两种方法对各变量进行单位根检验，结果见表4-5。单位根检验的结果表明，在两种检验方法下各变量至少在10%的显著性水平下拒绝了存在单位根的原假设，因此可以认为所有变量是平稳的，可以进行回归分析。

表4-5　变量单位根检验

变量	LLC	IPS
$qgdp$	-15.74^{***}	-8.52^{***}

续　表

变量	LLC	IPS
nber	−6.23*	−3.17**
R	−6.42**	−7.20*
trans	−7.34***	8.02***
capti	−5.48*	−7.94*
gov	−8.67**	−6.35**

注：***、**、*分别表示通过了1%、5%、10%的显著性检验。

（二）回归结果分析

根据豪斯曼检验可知，模型（4-1）（4-2）（4-3）豪斯曼检验值均通过了1%的显著性检验，说明应该选择固定效应形式进行回归，回归结果见表4-6。首先，根据模型（4-1）的回归结果可知，数字经济发展的回归系数显著为正，说明数字经济对经济高质量发展具有显著的促进作用，数字经济发展本身作为一种新的经济增长点对于转变经济增长方式、提高要素生产率具有重要作用。从控制变量的回归结果来看，交通运输设施水平、人力资本的回归系数大于0，且至少通过了10%的显著性检验，说明交通运输设施水平、人力资本投入对经济高质量发展具有促进作用。交通运输设施水平改善促进了生产要素的流动，人力资本投入带来了人才集聚，从而促进了经济高质量发展。政府干预的回归系数显著为负，说明政府干预会导致市场在发挥资源配置作用的过程中受到限制，容易造成资源配置效率过低，从而不利于经济高质量发展。

其次，从模型（4-2）的回归结果来看，数字经济发展的回归系数显著为正，说明数字经济发展能显著促进产业结构优化升级。数字经济发展催生了一大批市场机遇，引导生产要素向新兴产业转移，增加了市场供给主体，丰富了产品种类，带动了新兴产业发展，进而促进产业结构优化升级。同时，交通运输条件改善、人力资本投入也可以促进产业结构优化升级。政府干预的回归系数显著为负，说明政府干预会对产业结构合理化、高级化产生阻碍作用。政府干预过多不利于市场经济资源的优化配置，因此政府在产业规划方面，要制定科学的财政政策和产业政策，促进产业结构优化升级（张林、冉光和，2018）。

　　最后，从模型（4-3）来看，产业结构的回归系数显著为正，说明产业结构升级能有效地促进经济高质量发展。数字经济发展的回归系数显著为正，且其回归系数小于模型（4-1）中数字经济的回归系数，说明数字经济发展在促进经济高质量发展的过程中存在产业结构升级的中介效应，即产业结构升级是数字经济促进经济高质量发展的重要因素。从中介效应占比来看，比值为32.57%，说明数字经济对经济高质量发展的影响有32.57%是通过产业结构升级来实现的。且从稳健性检验来看，Sobel检验值通过了5%的显著性检验，说明模型中介效应是稳健的。此外，从控制变量回归结果来看，无论是回归系数的符号还是显著性水平与模型（4-1）均无显著差异，因此可以认为本章构建的模型是稳健的。

表4-6　产业结构升级的中介效应回归结果

变量	模型（1）	模型（2）	模型（3）
	$qgdp$	R	$qgdp$
$nber$	0.0183*** (3.84)	0.0253*** (6.74)	0.0127*** (5.31)
R	—	—	0.239** (2.97)
$trans$	1.16*** (3.28)	0.874** (2.36)	0.758** (2.51)

变量	模型（1）	模型（2）	模型（3）
	$qgdp$	R	$qgdp$
$capti$	1.33* （1.92）	1.46** （2.27）	0.328* （1.87）
gov	−0.24*** （−5.36）	−0.13*** （−6.78）	−0.32** （−3.12）
Hausman 检验	13.28***	22.57***	14.63***
中介效应检验	Sobel 检验：$Z=2.783$***，中介效应显著，中介效应占比=32.57%		

注：***、**、*分别表示通过了1%、5%、10%的显著性检验。

七、结论与政策建议

通过对数字经济发展影响经济高质量发展的路径进行理论分析，基于2010—2020年中国30个省（区、市）（不含数据缺失较为严重的西藏和缺数据的香港、澳门和台湾省）面板数据，分别构建了经济高质量发展、数字经济发展以及产业结构升级测算指标，并通过中介效应模型实证检验数字经济、产业结构升级与经济高质量发展之间的关系。实证结果表明：数字经济发展对经济高质量发展具有显著的促进作用，数字经济发展能有效地推动产业结构优化升级，因此数字经济发展在推动经济高质量发展的过程中对产业结构升级起到了部分中介效应，中介效应占比为32.57%，即数字经济可以通过产业结构升级有效地推动经济高质量发展。此外，交通运输设施水平改善促进了生产要素的流动，人力资本投入带来了人才集聚，从而促进了经济高质量发展；而政府干预会导致市场在发挥资源配置作用的过程中受到限制，容易造成资源配置效率过低，从而不利于经济高质量发展。根据这些结论，提出如下政策建议。

（1）鉴于数字经济发展对经济高质量发展的促进作用，各地在推动经济高质量发展的过程中要充分发挥数字经济的推动作用。首先，通过加强关键技术的自主创新，加大对核心信息技术的研发投入，从而夯实数字经济发展的基石，实现经济数字化水平提升。其次，通过完善数字经济治理体系，建立公平有序的市场氛围，提升数字经济的治理能力，从而更大限度地发挥数字经济对经济高质量发展的推动作用。最后，加快数字基础设施建设，推动新型基建发展与数字化转型，从而发挥数字基建在数字产业化中的重要作用，在促进数字经济发展的过程中实现产业结构优化升级，进而推动经济高质量发展。

（2）充分发挥产业结构升级的中介效应。一方面，通过加快传统产业与数字技术的融合，实现传统产业数字化转型，提高传统产业要素生产率，促进产业结构优化升级。另一方面，大力支持数字产业发展，推动人工智能和新型信息技术产业发展，做大数字经济规模，推进数字产业发展，形成新的经济增长点，从而改善产业结构，推动经济高质量发展。

（3）注重人才培养和政府治理水平提高。一方面，要重视数字人才培育，加强与数字经济相关的知识技能的普及教育，通过建立人才培养基地，培养新型数字人才队伍，深化人才支撑；另一方面，提高政府治理水平，通过完善市场监管机制，出台优惠政策，加强对数字经济关键领域知识、创新的产权保护，营造良好的发展环境，提高数字经济安全水平，充分发挥其对经济高质量发展的推动作用。

第二节　数字经济下产业结构与消费结构循环升级政策建议

一、数字经济高质量发展政策建议

基于数字经济与经济发展的内涵及相互作用，从数字基础设施、数字产业规模、数字创新能力、数字产业滞后四个方面构建数字经济子系统评价指标体系，从经济总量、人均财富、经济增速三个方面构建经济增长评价指标体系。采用熵值法赋权的评价模型、子系统功效系数法模型、耦合函数模型、耦合协调度模型对中国数字经济与经济增长之间的耦合协调度进行测度并做分析，结论如下。

（一）从总体情况来看

中国数字经济指数与经济增长指数从 2010 年至 2018 年不断缓慢上升，趋势大体相同，且数字经济指数增长略高于经济增长指数。中国数字经济与经济增长两系统间呈现高耦合现象，耦合度自 2010 年至 2018 年均趋于 1，说明中国数字经济发展与经济增长两系统间的相互影响程度和关联性非常高，数字经济与经济增长是不可分割的相互制约、相互促进的关系。中国数字经济与经济增长两系统间的耦合协调度总体呈上升趋势，协调度由 0.5 左右上升至 0.7 左右，由勉强协调逐步变为初级协调，协调度有所改善。

（二）从各省（区、市）来看

中国东部、中部、西部地区数字经济发展与经济增长水平在地域方面失衡，水平由高到低依次是东部、中部、西部地区。数字经济发展水平较高省份为广东、江苏、山东以及浙江。广东省是全国最早打造数字经济示范基地的省份，于2012年便加速推进"数字广东""数字珠三角"。江苏省于2007年开始实行并加快建设与推进数字城市管理，2011年加大信息通信基础设施建设等。天津市在数字经济发展与经济增长耦合协调过程中，一直处于数字经济发展滞后经济发展的状态，而山东省与广东省一直处于经济发展滞后于数字经济发展的状态，其他省（区、市）均为两者同步协调发展。

（三）从诊断数字经济发展障碍因子的角度来看

数字经济指标障碍度较高的大都集中在6个指标上，它们分别是数字基础设施指标层下的互联网端口接入、CN域名数以及移动电话普及率；数字产业规模指标层下的R&D研发机构数；数字创新能力指标层下的ICT行业固定投资占全社会总投资比例，以及数字滞后产业指标层下的工业增加值，说明数字经济的发展受到这些指标的限制程度较高。

1.加快搭建基础性数字设施，深耕数字经济建设

基础性数字设施是未来发展经济的根本支撑。因此，必须加大力度建设基础性数字设施，为壮大数字经济积蓄动能。具体表现为：新建互联网接入端口、增设CN域名数量、扩大移动电话与互联网普及率。打造高起点、高标准、高质量的信息基础设施，加快部署5G网络，全面推进大数据、区块链、人工智能等技术，新建或改进传统信息基础设施，打造新型基础设施系统，实现数字化服务、融合化创新、智能化升级，重视新基建，结合新兴产业塑造，有效地利用新基建的协同效应、赋能效应、乘数效应，助力产业数字化、数字产业化进程，打造坚固的数字经济根基。

2.提升数字创新能力,壮大数字经济规模

吸引社会资源参与ICT行业建设,提高ICT行业投资比重,加快高技术产业专利发明申请批复进度,提高有效发明专利数量。如培育和支持国内ICT行业的知名企业、龙头骨干企业、科研院校等主体,联合建设规模化创新中心,促进云计算、大数据、物联网、人工智能等产业化进程,加快创新发展。努力培育和打造工业互联网平台,积极开发自主知识产权,驱动中小企业建立云端业务系统,实现平台建设与平台应用的双向迭代,打造彼此促进的生态化制造态势,促进实体经济加快引进和融合数字技术,推动融合创新发展。

对于一些省(区、市)数字经济起步较晚,无法同步于经济增长的滞后现象,在前面诊断和分析因子障碍度时提示,数字经济指标2013年、2015年、2017年主要的发展障碍因子有四个,即工业增加值、CN域名数、移动电话普及率、互联网接入端口。故提议,个别省(区、市)不协调的经济局面,如果是由于数字经济发展无法同步于经济增长而形成的,则可以从建设数字基础设施着手,提升移动电话、互联网普及率,扩充CN域名数。进一步深化工业领域的数字化建设,参考山东省成功的做法与经验,在供应链信息化、数字化装备制造、技术推广、能源检测自动化控制领域全面推进信息化,实现信息技术与工业制造的深度融合,利用信息技术的渗透,打造数字化、智能化装备与产品生产。同时,在决策支持、流程分析、绩效管理等环节引入智能化手段,促使信息在供应链管理中全面开放共享;在能源投入、污染物排放监测中引入信息技术,实现实时在线监测、智能调节控制、减少污染物生成、加大能源利用效率等,推动数字经济广泛地应用于工业领域,加快工业数字化进程。

3.增加示范点,扩大和增强样本的带动效应

基于前面的研究提示来看，要充分重视中国省域不协调不平衡的数字经济建设，着力缓解不平衡的区域经济建设。在具体操作中要强调因地制宜，突出经济带、城市群、核心城市等的带动和辐射效应，充分发挥江苏、山东、广东、浙江等核心经济力量的辐射效应与引带功能，全面调整发展步伐，不仅要拉动经济增长滞后的区域，也要拉动数字经济滞后的区域，实现全面的协同前进。如以典型企业、重点行业、核心区域为目标，着力培育一批品牌效应显著、特色鲜明的数字经济应用推广示范点，重视以点带面的引领作用，通过示范点的培育，实现数字化的全面推进。深耕细植数字经济示范试点，做好数字经济示范试点的考评工作，认真记录、全面总结示范试点的推广经验，充分发挥示范试点的引带效应，借助试点的先行经验，积极探索数字化发展模式，推动区域性的数字化应用与转型。具体做法如组织数字化发展专项培训、媒体宣传等，宣传和推广成功试点经验，协调各方主体，凝聚各方力量，共同助推数字经济建设。

二、利用产业结构升级推动消费结构升级的政策建议

我国经济处于转型的关键时期，经济由中高速增长转向高质量发展，依靠内需推动经济发展成为中国经济高质量发展的必要趋势。消费升级和产业结构转型反映了市场供求结构的两个方面，两者之间的结构匹配对于供需之间的有效转化具有至关重要的作用。基于此，本节通过分析我国产业结构转型和消费升级的发展现状，在梳理国内外研究成果的基础上，从理论上分析了两者之间的互动机制，并建立理论模型分析两者的作用关系，利用2010—2020年的省级面板数据，构建联立方程模型，从总体、分区域、分城乡等多个角度检验产业结

转型和消费结构升级之间的互动关系，并在此基础上通过构建联立方程下的中介效应检验模型，进一步检验了两者之间的作用路径。

（一）产业结构对消费结构的影响

从产业结构转型对消费结构升级的影响来看，产业结构高度化可以显著促进消费结构升级，但产业结构合理化并不利于消费升级，各稳健性和异质性检验结果也基本一致。这表明产业结构转型通过改变供给结构，可以在一定程度上满足消费需求的增长，实现消费结构升级。但产业结构的升级并没有伴随着劳动力等生产要素的同步改善，而是加剧了劳动力等生产要素的结构扭曲，一定程度上反映了我国生产要素错配问题。这种失衡的产业结构转型过程伴随着消费升级，将长期加剧生产要素价格扭曲，不利于经济的健康稳定发展。

从消费升级对产业结构转型的带动作用来看，消费结构升级可以有效促进产业结构高度化和合理化，且在不同的稳健性检验和区域异质性检验中可以得到一致的结论。这表明消费结构的变化所传递的需求信号能有效引导产业的发展，不仅如此，还能在一定程度上促进资源的合理流动，促进产业结构高度化的同时，优化产业结构和要素结构的关系，促进产业结构合理化发展，推动我国产业结构转型。

从总体来看，产业结构转型和消费结构升级两者之间存在显著的互动关系，这种互动关系整体上表现为动态的相互促进关系，但也存在产业结构合理化抑制消费结构升级的问题。

从进一步的路径机制来看，产业结构转型对消费结构升级存在着直接作用路径和间接作用路径。间接路径主要是在长期内通过初次分配和二次分配提高居民收入水平，进而通过恩格尔效应和居民偏好升级促进居民消费升级。实证结果显示居民收入水平在产业结构转型影响消费升级的过程中存在显著的部分中介效应，该结论在产业结构高度化和产业结构合理化衡量的产业结构转型中保持一致。值得注意的是，虽然产业结构合理化并不利于消费升级，但在提高居民收入水平的路径下，产业结构合理化依然能促进消费升级。从消费升级影响产业结构转型的路径分析来看，短期主要体现在消费升级可以提高企业的市场份额，带来相应产业产值的增加。而从长期来看，消费升级通过需求信号传导可以鼓励企业创新和研发活动，进而提高产业的整体技术水平，扩大产业规模。同时，消费升级可以促进生产要素流动，进而提高产业生产效率，促进要素和产业结构的合理化发展，加速产业间的更替，推动产业结构转型。中介效应检验显示技术创新和劳动力流动在消费升级影响产业结构转型的路径中均存在显著的部分中介效应，消费升级可以通过鼓励企业创新和促进生产要素流动的路径来促进产业结构转型。

（二）利用产业结构升级推进消费结构升级的政策建议

结合本节的理论机制和实证分析产业结构转型和消费升级作为供给侧和需求侧的结构因素，两者之间是相辅相成、相互促进的。在我国经济高质量发展过程中，既要关注产业结构转型对消费需求的实现，坚持深化供给侧结构性改革，积极推动居民消费升级，稳步提高居民生活水平和生活质量，满足人民日益增长的美好生活需要；又要重视消费升级对产业的需求引致作用，推动产业结构转型，加速新旧产业更替，提高资源配置效率，提高我国产业在国际分工中的地位，实现经济高质量发展。基于此，本节分别从促进产业结构转型和消费升级的角度提出改善供需结构，促进经济高质量发展的政策建议。

1.捕捉消费趋势变化,运用前沿技术进行需求挖掘

从前文的理论分析来看，消费结构升级通过价格机制和鼓励技术创新以及促进要素流动，可以促进产业结构高度化和合理化，引导产业结构转型，实证检验上也支持该结论。虽然从宏观数据上，消费升

级对于产业结构转型是存在主动性的，但对于微观个体来说，还是要采取主动策略，去迎合消费需求的变化。消费作为生产的起点和最终归宿，是生产者关注的主要市场信号，因此，把握消费需求的变化对于企业发展和产业结构转型具有重要的前瞻性。企业应及时把握消费升级的方向，对于企业开拓新的服务业态，增加企业市场竞争力都有重要作用。从本文的现状分析可知，服务业发展迅速，文化教育、旅游、健康等产业的需求越来越大，企业可以积极探索转型，拓宽服务内容，提升服务质量，将相关服务业向便利化、品质化、精细化的方向发展。从我国消费市场现状来看，网络零售市场发展日趋成熟。在数字经济的背景下，随着互联网基础设施的快速发展，政府可以联合企业建设以服务企业和消费者的共享信息服务平台，发挥数字经济、共享经济的作用。以共享服务平台作为载体，政府作为信息共享的牵头人，通过联合企业，对现有的网络零售市场的基础数据进行整合，实行企业共建共享的、有序的规整信息服务体系。通过共享信息服务平台，依托数据链、"互联网+"和大数据等前沿技术实现企业和消费者之间的信息对接，深挖消费的新增长点，遵循消费升级规律，前瞻性预测消费结构的变化，来帮助企业确定技术研发方向，开拓新业务，使消费需求能够从产品到企业再到产业的传导，最后实现螺旋式的相互促进结果。

2.完善收入分配制度,通过产业发展推动收入增长

实证结果显示，居民收入水平的提高能有效促进居民消费结构升级，同时居民收入水平也是产业结构转型促进消费升级的重要路径。收入作为消费的基础，提高居民收入水平是促进消费升级，实现内需驱动的根本。从我国收入分配的现状来看，主要问题是收入差距过大和分配不合理。

一方面，在分配不合理问题上，主要表现为劳动者报酬占GDP的

比重较低，工资增长慢于劳动生产率的增长，导致劳动者收入水平较低，消费基础不足。从政策上来看，在初次分配上要兼顾公平和效率，适应市场化要求，根据要素贡献以及劳动力质量进行调整，适度提高劳动者报酬，保证工资增长率与劳动生产率的增长相适应，稳定和提高消费的基础。

另一方面，从对我国居民收入和消费的现状分析可知，现阶段我国居民收入水平虽然有了较大幅度的增长，但收入差距较大，地区收入分配不合理等，尤其是中西部地区收入水平普遍偏低，不利于区域消费水平的提升。从提高居民收入的角度来看，应因地制宜，鼓励和扶持贫困地区的产业发展，根据区域优势、技术发展水平和产业关联度等状况发展特色产业。如中西部地区工业基础薄弱但自然资源丰富，可以以此为基础发展特色农业、旅游业等产业来提高当地居民收入，实现通过产业发展提高居民收入进而促进消费升级的传导路径。从城乡发展角度来看，要打破城乡发展面临的市场分割局面，不断完善市场机制和法律体系建设，促进要素流动，增强城市圈的辐射作用，形成"中心—外围"联动的发展模式，通过中心城市发展带动周边地区的发展。同时在政府引导下，积极引进先进的经验和方法，鼓励当地居民创新创业，在促进特色产业发展的同时增加居民收入。

3.坚持创新驱动,增加有效供给

从对消费升级的现状分析可以看出，我国现阶段消费需求逐渐趋向品质化、信息化和服务化，高端消费需求增加，具体表现为对进口消费品需求旺盛。而这也从侧面反映出国内有效供给不足的现状，企业产品难以满足消费者的新需求，产业结构转型落后于消费结构升级。从实证结果来看，技术创新是消费结构升级促进产业结构转型的重要路径。从现阶段消费结构来看，消费升级信号已非常明显，这需要企业对需求信号积极地做出反应，通过技术创新来改善产品品质，增加高端产品市场供给。同时，企业创新要以市场需求为出发点，解决市场上最需要的供给缺口，而不是盲目地全面推进。同时，企业要重视人才培养，加强人才引进力度，破解企业创新过程中人力资本瓶颈难题。创新的两大根本要素是人力资本和资金投入，而人力资本又是其中最重要的一环。企业可以通过建立灵活的人才引进机制，提供多种配套方案，如户口安置、子女教育、浮动工资等，满足不同人力资本的多样化需求。然后，通过优厚的物质待遇和多样的精神激励吸引高端创新人才，物质待遇上除工资外还可以提供股份、期权激励等长期红利。精神激励上，通过改善高端人才生活、工作环境，培养优质企业文化等方式，增强企业对高端人力资本的吸引力。

在政策上，鼓励企业创新需要实施有效的创新激励方式。在普惠性保护上，应完善对知识产权保护的法律法规，为创新型企业提供补贴和减税等政策，精简审批流程手续，简政放权。从政策宣传上，引导资本和生产要素注入创新领域，帮助企业研发自主性产品，弥补市场中高品质消费品不足的问题。对不同产业分类施策，如文化、教育、医疗等服务业，可以适当降低门槛，吸引更多民间资本进入，提高市场化程度。通过引入产业内竞争机制，使得传统服务业得到充分的完善和优化，实现产业结构转型。在坚持创新驱动的过程中，企业要重视创新质量，注重提升科技成果转化率。创新活动要以市场需求为依托，加强产学研深度融合，通过打造孵化器、研发中心等方式推动创新成果转化平台与创新资源的深度融合，保证创新成果与社会接轨，打通技术创新供给与需求之间的对接渠道，加速推动创新成果向现实生产力转化。

三、数字经济下产业结构发展政策建议

基于前文数字经济产业对产业结构影响路径的分析结果，以及数

字经济产业与产业结构优化升级关系的实证研究结果，并结合数字经济产业和产业结构的发展现状，以数字经济产业自身发展为基础，以融合创新发展为主线，以政府治理为手段，提出我国产业结构优化升级的建议，具体如下。

（一）大力发展数字经济产业，提高数字经济产业发展水平

根据前文实证分析结果，数字经济产业发展能够显著促进产业结构优化升级。我国正处于产业结构调整的关键阶段，需要按照适应经济发展新常态的要求，加快调整产业结构，努力实现经济转型升级的目标。数字经济产业作为高新技术产业，与各产业跨界融合正引发新的产业变革，对产业效率的提升以及新产业的拓展起到重要作用，成为产业结构升级的新动力。因此，大力发展数字经济产业是我国经济转型升级的必然选择。

1.建立数字经济产业促进产业结构优化升级的专门机构

建立专门机构负责数字经济产业助推产业结构优化升级相关政策和发展规划的制定，加大对数字经济产业发展的重视程度和扶持力度。

2.完善数字经济产业基础设施建设，提升关键网络能力

随着数字化发展，传统基础网络已经无法适应下一代互联网对网络设施的要求，亟须构建适应当前社会智能发展的数字化基础设施。新一代网络基础设施除了硬件设备上需要不断推进，在软件方面也需要加大发展力度。一是推进4G/5G等基础设施建设和普及，提供超高速网络服务；二是加强云计算中心、大数据平台的部署和应用，丰富数据传输渠道，扩大数据存储空间，完善智能化运营；三是加快物联网基础设施建设，提供泛在的网络连接；四是加快建设平台化的网络云服务，为各产业的平台化发展提供基础设施，促进跨行业合作。

（二）完善数字技术创新体系，提升数字技术创新能力

数字技术是数字经济产业发展的基础，是产业结构升级的驱动力。当前我国数字技术发展取得了一定成果，但由于技术创新能力较低，关键核心技术缺乏，使我国产业发展仍处于弱势。因此，应提高核心技术创新能力，把握数字经济产业的发展机遇，推动我国产业结构在数字技术的带动下不断优化升级。我们可以从以下几方面提高数字技术创新能力。

1.优化研发条件，提前布局专利

加大对企业创新的支持力度，在有条件的企业创建国家重点实验室，深化产学研用合作；加大对技术型企业和科研团队创新的财政支持，提高企业核心技术研发能力；研发重大成果时，要提前布局技术专利，加强知识产权保护力度，掌握创新主动权。

2.培养融合型技术人才

在数字经济背景下，不断产生新产品新服务，对人才的要求不断提高，特别是数字经济产业与传统产业融合过程中，需要既了解传统业务，又了解互联网模式的复合型人才。一方面，可以引进海外高层次技术人才，特别是掌握数字技术、能源技术、工业技术的复合型人才，为我国数字经济发展提供人才支撑；另一方面，可以鼓励高校和企业合作，培养一批既熟悉传统业务又了解互联网模式和技术的复合型人才，为数字经济发展提供智力支持。

3.加强数字技术的应用

在促进技术创新的同时，也要关注新一代数字技术的应用，争取在人工智能、物联网、量子信息、智慧城市、区块链等重点领域率先

应用；加强数字技术在传统领域的应用，促进数字技术与各行业技术深度融合，促进传统产业的技术创新和交叉领域的技术突破，推动我国产业结构优化升级。

（三）加快数字经济与传统产业渗透融合，推动产业结构优化升级

加快传统产业改造、实现产业升级是我国产业结构调整的重要环节。数字经济产业具有创新性、渗透性和带动性优势，打通上下游产业链，加速数字经济产业企业与传统企业的渗透融合，有助于传统产业改造，并能够催生新业态新模式，对产业结构优化升级起到重要作用。

1. 利用数字化手段改造传统农业

我国农业现代化水平较低，亟须利用先进的数字技术实现农业升级。一方面，加快数字技术在农业领域的创新和应用。在农业信息标准体系、信息采集技术、虚拟设计技术、温室环境智能控制系统等研究和应用上加快步伐，将网络技术、智能技术等先进技术与农业结合起来，形成数字化农业体系，实现农业生产智能化，生产过程全程监测，农产品销售线上线下结合，降低农业生产成本，提高农业生产效率。另一方面，加快建设农业信息服务平台，为农民提供智能化产品和服务，帮助农民获得更准确的信息资讯和技术，指导农业生产，合理利用农业资源，提高农业的数字化水平。

2. 加快数字经济产业向制造业渗透

近年来，我国智能设备创新实现突破，但要真正成为制造业强国，实现制造业的跨越式发展，需要加快数字经济产业对制造业的渗透融合，促进制造业智能化、数字化发展。

一是加强对数字技术领域的布局。建设数字创新空间、产业园区

等推进人工智能、3D 打印、区块链等项目建设，示范引领，推进重点领域智能产品创新。

二是加快工业互联网平台发展建设。工业互联网平台是数字经济产业与制造业融合的支撑平台，围绕优势行业，加速建设一批国家级工业互联网平台，打造多层次系统化平台体系，引导优势工业企业发展工业云平台，支持互联网企业建设第三方工业云平台，鼓励工业信息、工业数据等向云平台转移。

三是深化数字技术在制造业领域的应用。加快传感器、控制系统、网络通信等新技术和制造业技术的深度融合，加强数字技术在制造业领域的应用；大力发展智能工厂，加快智能化生产；开展不同场景的应用创新，提升制造业数字化水平。

3.加快服务业数字化步伐

我国服务业的占比在不断提高，但与发达国家相比还存在一定差距，重视服务业数字化发展水平，对我国服务业发展有重要意义。

一是建立与数字技术相融合的商业模式和产品创新方式，为服务业提供宽松包容的发展环境。

二是发挥数字技术的优势，加快数字技术与服务业的融合，以网络平台支撑服务业发展，使服务的各个环节实现智能化和现代化，提高服务质量和品质。

三是通过数字化发展加快信息服务、金融保险服务、现代物流等生产性服务业与制造业的融合力度，延长产业链，促进融合发展，实现产业结构优化升级。

（四）完善治理体系，为数字经济产业发展营造良好环境

在数字经济发展过程中，除了市场机制的自我调节，还需要政府进行引导，为数字化发展营造良好环境。

1.加强数字经济相关领域的法治建设和管理

出台数字经济相关法律法规，促进数字经济发展，加强现有法律法规的修法工作，调整不适应当前数字经济发展的条款。

2.加强网络安全保障

随着网络化、数字化发展，数据信息呈爆炸式增长，网络安全保护不容忽视。一方面，要加强网络安全技术的开发，提高网络防攻击、防风险能力。另一方面，加强对信息、数据的管理，注重数据产权的保护，加大数据安全治理，贯彻落实《中华人民共和国网络安全法》，提升网络安全水平。

3.推进协同治理,提高治理质量

随着数字技术与实体经济的融合，以及平台经济的发展，一些不规范问题逐渐显现，市场乱象不断，因此要明确网络平台的责任边界，探索跨部门协同监管机制，建立多方参与的治理机构，为数字经济产业发展营造良好环境。

主要参考文献

[1]阳军，樊鹏.新技术革命的风险、挑战与国家治理体系适应性变革[J].国外社会科学，2020（5）：125-131.

[2]魏萍，陈晓文.数字经济、空间溢出与城乡收入差距——基于空间杜宾模型的研究[J].山东科技大学学报（社会科学版），2020，22（3）：75-88.

[3]王晓红，李雅欣.数字经济对经济高质量发展的影响研究——基于2013—2018年省级面板数据[J].经济视角，2021（1）：44-53.

[4]左鹏飞，陈静.高质量发展视角下的数字经济与经济增长[J].财经问题研究，2021（9）：19-27.

[5]史丹，李鹏，许明.产业结构转型升级与经济高质量发展[J].福建论坛，2020（9）：108-118.

[6]林宇豪，陈英葵.数字经济与产业结构升级——基于要素流动视角下的空间计量检验[J].商业经济研究，2020（9）：172-175.

[7]董超.数字经济发展对产业结构高级化的影响研究[J].对外经贸，2021（8）：80-83.

[8]杨慧梅，江璐.数字经济、空间效应与全要素生产率[J].统计研究，2021，38（4）：3-15.

[9]徐德云，肖未末.互联网基础设施建设对产业结构升级、经济增长作用机制的实证研究[J].长安大学学报（社会科学版），2020，22（6）：51-60.

[10]刘波，胡宗义，龚志民.金融结构、研发投入与区域经济高质量发展[J].云南社会科学，2021（3）：84-92.

[11]万永坤，王晨晨.数字经济赋能高质量发展的实证检验[J].统计与决策，2022（4）：21-26.

[12]张林，冉光和.金融包容性发展的产业结构优化效应及区域异质性[J].经济与管理研究，2018，39（9）：41-52.

[13]李艺铭.加快推进粤港澳大湾区城市群产业协同发展——基于与东京湾城市群电子信息产业的对比分析[J].宏观经济管理，2020（09）：83-88.

[14]蔡跃洲，马文君.数据要素对高质量发展影响与数据流动制约[J].数量经济技术经济研究，2021，38（03）：64-83.

[15]王伟玲，王晶.我国数字经济发展的趋势与推动政策研究[J].经济纵横，2019（01）：69-75

[16]张蕴萍，董超，栾菁.数字经济推动经济高质量发展的作用机制研究——基于省级面板数据的证据[J].济南大学学报（社会科学版），2021，31（05）：99，175.

[17]Porter M E.Location, Competition, and Economic Development:Local Clusters in a Global Economy[J]. Economic Development Quarterly, 2000,14(1):15-34.

[18]Tiedemann Arthur E.,Jolinson C. Miti and the Japanese Miracle: The Growth of Industrial Policy[M].San Francisco:StanfbrdUniversity Press, 1982.

[19]李爱真.互联网+驱动产业升级的实证分析[J].河南师范大学学报（自然科学版），2020，48（04）：12-18.

[20]陈庆江，赵明亮.信息化能否放大市场整合的创新激励效应[J].

宏观经济研究，2018（10）：105-120.

[21]Humphrey J.，Schmitz H.How does insertion in global value chains affect upgrading industrialclusters[J].Regional Studies,2002,36(9):1017-1027.

[22]林浩，陈春晓，秦永彬.工业互联网：我国实体经济与数字经济融合发展的路径选择[J].贵州大学学报（社会科学版），2020，38（05）：85-94.

[23]Pissarides A. Structural Change in aMultisectorModel of Growth[J]. American Economic Review,2007,97(1):429-443.

[24]郭克莎.外商直接投资对我国产业结构的影响研究[J].管理世界，2000，15（2）：33-35.

[25]Kuznets S.各国的经济增长[M].常勋，潘天顺，黄有土，等译.北京：商务印书馆，1985.

[26]Simonen, Rauli Svento, Artti Juutinen. Specialization and diversity as drivers of econnmxc:Evidence from High-Tech industries[J].Papers in Regional Science,2015,94(2): 229-247.

[27]姜泽华，白艳.产业结构升级的内涵与影响因素分析[J].当代经济研究，2006，10（10）：53-55.

[28]武晓霞.省际产业结构升级的异质性及影响因素——基于1998—2010年25个省区的空间面板计量分析[J].经济经纬，2014，31（1）：90-95.

[29]郭佳，扶涛.我国西部地区产业结构转型升级影响因素分析——以云南省为例[J].中国社会科学院研究生院学报，2015，37（2）：57-60.

[30]张翠菊，张宗益.中国省域产业结构升级影响因素的空间计量分析[J].统计研究，2015（10）：32-37.

[31]H.Tenhunen，A.Latvala.Infonnation teclinology and changes in industry [J].European Journal of Information Systems, 1991,1(1):3-11.

[32]童毛弟，童业冬.金融深化科技创新对产业结构升级的影响研究——基于江苏1984—2013年的数据[J].求索，2015，19（9）：88-90.

[33]栾申洲.对外贸易外商直接投资与产业结构优化[J].工业技术经济，2018，37（1）：86-92.

[34]Dewan, Saijeev, Kraemer. Information technology And productivityievidence countiy-level data[J].Management Science,2000,46(4):548-562.

[35]马克林.基于消费视角的产业转型升级路径研究[J].商业经济研究，2018，36（7）：166-168.54

[36]李雯，王纯峰.中国金融发展对产业结构的影响——基于271个城市面板数据的实证分析[J].工业技术经济，2018，37（7）：93-95.

[37]易信，刘凤良.金融发展与产业结构转型-理论及基于跨国面板数据的实证研究[J].数量经济技术经济研究，2018，34（2）：21-24.

[38]康铁祥.中国数字经济规模测算研究[J].当代财经，2008，280（3）：118-120.

[39]李艺铭.数字经济：新时代再起航[M].北京：人民邮电出版社，2007.

[40]廖博，任菲.创新、创新溢出与经济增长——基于空间计量和面板模型的实证研究[J].技术经济与管理研究，2020（04）：45-53.

[41]林晨，陈小亮，陈伟泽，等.人工智能、经济增长与居民消费改善：资本结构优化的视角[J].中国工业经济，2020（02）：61-83.

[42]肖静华，谢康，吴瑶.数据驱动的产品适应性创新——数字经济的创新逻辑（一）[J].北京交通大学学报（社会科学版），2020，19（01）：7-18.

[43]杨虎涛.数字经济的增长效能与中国经济高质量发展研究[J].中国特色社会主义研究，2020（03）：21-32.

[44]邱冬阳，彭青青，赵盼.创新驱动发展战略下固定资产投资结构与经济增长的关系研究[J].改革，2020（03）：85-97.

[45]王娟.数字经济驱动经济高质量发展：要素配置和战略选择[J].宁夏社会科学，2019（05）：88-94.

[46]马文君，蔡跃洲.新一代信息技术能否成为动力变革的重要支撑——基于新兴产业分类与企业数据挖掘的实证分析[J].改革，2020（02）：40-56.

[47]肖玲.长江经济带数字经济发展的测度与障碍因子诊断[D].南昌：江西财经大学，2021.

[48]张鸿，刘中，王舒萱.数字经济背景下我国经济高质量发展路径探析[J].商业经济研究，2019（23）：183-186.

[49]金鑫鑫.数字经济发展对我国制造业出口竞争力的影响研究[D].北京：北京邮电大学，2021.

[50]潘为华，贺正楚，潘红玉.中国数字经济发展的时空演化和分布动态[J].中国软科学，2021（10）：137-147.

[51]张亮亮.我国信息经济对产业结构转型升级影响研究——基于面板数据的分析[D].杭州：杭州电子科技大学，2017.

[52]左鹏飞.信息化推动中国产业结构转型升级研究[D].北京：北京邮电大学，2017.

[53]张于喆.数字经济驱动产业结构向中高端迈进的发展思路与主要任务[J].经济纵横，2018（9）：85-91.

[54]赵巧芝，闫庆友.中国产业关联网络的结构特征研究[J].统计观察，2017，15（04）：104-108.

[55]惠宁，周晓唯.互联网驱动产业结构高级化效应分析[J].统计与信息论坛，2016，31（10）：54-58.

[56]杜华东，赵尚梅.中国产业结构变迁的实证研究——基于社会网络分析法的分析[J].经济与金融，2013，3（5）：39-44.

[57]孙叶飞，夏青，周敏.新型城镇化发展与产业结构变迁与经济增长效应[J].数量经济技术经济研究，2016，11（002）：4-7.

[58]赵西三.数字经济驱动中国制造转型升级研究[J].经济理论与实践,2017,18（12）：36-38.

[59]张丹宁,唐晓华.产业网络组织及其分类研究[J].中国工业经济,2008（2）：57-65.

[60]国家统计局.中国统计年鉴·2022[M].北京：中国统计出版社,2022.

[61]孙颖,郑春梅.我国农村居民消费结构的聚类分析[J].北方工业大学学报,2008（1）：66-73.

[62]汪茂泰,钱龙.产业结构变动对经济增长的效应：基于投入产出的分析[J].石家庄经济学院学报,2010（2）：16-19.

[63]林挺,张诗朦.互联网+视域下城镇居民家庭消费行为偏好演进规律研究[J].价格理论与实践,2017（8）：156-159.

[64]徐敏,姜勇.中国产业结构升级能缩小城乡消费差距吗？[J].数量经济技术经济研究,2015,32（3）：3-21.